阅读成就思想……

Read to Achieve

有女儿真好

养育女孩的宝藏书

Raising Girls

［美］**梅丽莎·切瓦特桑　赛西·高夫**◎著
（Melissa Trevathan）　（Sissy Goff）

李庄琦◎译

中国人民大学出版社
· 北京 ·

图书在版编目（ＣＩＰ）数据

有女儿真好：养育女孩的宝藏书／（美）梅丽莎·
切瓦特桑（Melissa Trevathan），（美）赛西·高夫
（Sissy Goff）著；李庄琦译. -- 北京：中国人民大学
出版社，2022.7
书名原文：Raising Girls
ISBN 978-7-300-30635-3

Ⅰ．①有… Ⅱ．①梅… ②赛… ③李… Ⅲ．①女性－
家庭教育 Ⅳ．①G78

中国版本图书馆CIP数据核字(2022)第104082号

有女儿真好：养育女孩的宝藏书

[美]　梅丽莎·切瓦特桑（Melissa Trevathan）　　　　著
　　　赛西·高夫（Sissy Goff）

李庄琦　译

You Nü'er Zhenhao : Yangyu Nühai de Baozangshu

出版发行	中国人民大学出版社		
社　　址	北京中关村大街31号	**邮政编码**	100080
电　　话	010-62511242（总编室）	010-62511770（质管部）	
	010-82501766（邮购部）	010-62514148（门市部）	
	010-62515195（发行公司）	010-62515275（盗版举报）	
网　　址	http://www.crup.com.cn		
经　　销	新华书店		
印　　刷	天津中印联印务有限公司		
规　　格	148mm×210mm　32开本	**版　次**	2022年7月第1版
印　　张	8.5　插页1	**印　次**	2022年7月第1次印刷
字　　数	194 000	**定　价**	59.00元

中文版序

亲爱的中国读者：

"养育女孩可能是一项艰巨的任务，这在当今的困难程度与过去相比更是不可同日而语。"我们在 2007 年写下了这些话，在那之后，女孩们生活中发生的事情变得更加困难、更加令人气馁。当时，我们尚不知道女孩的焦虑和抑郁率会激增至当今的水平。这些对于我们所爱的女孩而言，实在是难以承受。

在写这段话时，我和梅丽莎两个人与女孩一起共事的时间加起来已超过 80 年。在这段相当长的时间里，我们和许多疲惫不堪的女孩以及她们忧心忡忡的父母坐在一起，面对面地交谈。在这个过程中，我们在当今女孩们的生活中发现了以下情形：

- 女孩们感到了前所未有的压力，但目标更少了；
- 女孩们的好奇心越来越旺盛，但与现实世界的联系更薄弱了；
- 女孩们觉得自己拥有了更多的权利，但能力却无法与之匹配；
- 女孩们抱有的希望更少了，越发搞不清楚"自己是谁"，以及自己来到这个世界上能创造什么价值。

我们希望我们所爱的女孩在成长中能有更丰富的经历和体验。

这本书里的文字可能是几年前写下的，但其中传递的信息在当下仍未过时。你的女儿需要你：

- 去了解今天的世界正在以什么方式带给她压力；
- 知道在她处于每个年龄段时，其身体、情感和精神生活上的哪些表现是正常的，哪些是不正常的；
- 既能看到她身边发生的与关系有关的事情及其影响，也能看到她内心正在发生的一切；
- 以一种能帮助她找到自由和自信的方式来与她建立关系，使她成为一名独一无二的年轻女性。

这本书将对上述情形做出解释，相信能给你带来帮助。

我亲爱的中国朋友，很荣幸这本书的中文版能来到你的手中。我很希望能和你一起坐在我的办公室里聊聊，那是一座位于美国田纳西州纳什维尔市中心的明黄色小屋。我也希望我能倾听关于你女儿的情况，并了解你与她的关系。

希望你明白，我相信你，也知道你为人父母的责任能让你去好好地爱护和指引你的女孩。这是一项多么重要的工作啊！我完全相信你有能力胜任这项工作。

正如我们在本书前言中所说的："为人父母的旅程既是富有挑战、令人欢欣的，又是令人心碎的，甚至有时会感到深深的压抑和孤独。"

亲爱的中国读者，感谢你让我们成为你的向导，带领你们走进女孩的世界。除了你早已了然于心的那些信息，我们希望你能在字里行间找到更多你需要了解的内容。

赛西·高夫

推荐序

几周前一个阴云密布的休息日，我和三岁的女儿萨万娜一起在家做家务。萨万娜是一个善良慷慨的女孩，她主动提出要帮我一起清洗汽车。

在我们打扫时，周围只有风声、鸟鸣和偶尔经过的汽车的声音，静谧而舒适。我用真空吸尘器清理车内的食物碎屑，然后擦干净座椅上的冰激凌渍，萨万娜则试着用一块小毛巾擦拭着我们那辆大排量 SUV 的车身。她为自己的工作内容感到非常自豪，每隔几分钟就停下来对我说："妈妈，你看！我是世界上最棒的清洁工！"

就像其他任何一位母亲会做的那样，我由衷地赞许她，每次都会花点时间仔细检查她的清洗成果，然后送上她所期待的好评和称赞。

我望向正在打扫的她——小脑袋上顶着一头乱糟糟的金棕色头发，穿着一件早已旧了的公主裙。我的眼泪在眼眶里打转，对她说："我爱你，萨万娜！"

她的回答让我惊讶："为什么你总是这样说？"

"嗯……"我花了点时间来思考该怎么回答，"我这样说，是因为我觉得我的心里满是对你的爱，我必须要表达出来，好让你知道我的感受。"

"你是说，你怕我会忘记这件事吗？"（对，三岁的她用了"忘记"这个词。）

"没错，宝贝，我想确保你一直把这件事记在心里。"

"好，那我知道啦。"她说。

大约是在 15 年前，我遇到了赛西和梅丽莎。那时我还没结婚，她们很关心我，对我的生活（包括精神生活）幸福与否关怀备至。我对赛西最初的记忆是在我试着组装新电视柜和录像机的时候。当时她就在我的旁边，但我们并不认识。当看我坐在一堆螺母和螺栓中不知所措，试着弄明白如何安装时，赛西带着美丽的微笑说了句"让我来帮你吧"，便帮起了忙来。

在那之后不久的一个夏天，我遇见了梅丽莎。我们当时碰巧都在看一部名为《马修》（Matthew）的电视迷你剧。梅丽莎在格林希尔有一座舒适的小屋，我们几个女孩常在那里见面，聊聊生活、谈谈男孩以及世界上其他神奇的事情，然后尽情地享用冰激凌。在某些方面，和梅丽莎相处就像和《圣经》里描述的伟大女性在一起。她身上有一种平和、睿智的气质，传递出一种"一切尽在掌控中"的感觉。

梅丽莎会邀请我讲述我在田纳西州东部成长的童年故事，而这往往会引出关于我和母亲之间不稳定的关系的描述。

不过，萨万娜和我的关系仍处在生命中的美好时刻，她想知道我的想法，想让我给她讲故事，并且想尽可能多地赖在我怀里，和我一起玩"我来猜"的游戏。我知道这样的情况其实很快就会发生改变，这在我六岁的孩子奥利维娅身上已经发生了。

奥利维娅是我家的"小戏精"，是女主角，还是个大大咧咧的

"女汉子"。我并不想改变她的天性，但有时我感觉自己黔驴技穷，所掌握的育儿技巧根本不够用。从某种程度上说，奥利维娅和我的关系与我和母亲的关系很像。但值得庆幸的是，在得到许多帮助和鼓励后，我和母亲已经能够解决我们之间的很多问题了。

多年来，我曾多次打电话给梅丽莎和赛西，询问她们对我与母亲、与女儿关系的看法。早在她们写这本书之前，她们就已经在践行书中的内容了。她们在深夜接听电话，聆听困境中哭泣的声音；她们总是在那里为那些看似十分难解的问题提供启发性的回答。她们带着博爱，投入了大量的精力，将丰富的经验和伟大的目标结合起来，不仅解答了我们养育孩子的疑问，还回应了我们内心深处那个孩子的疑问——我们曾经希望了解但在童年时却未曾得到答案。

我的母亲、我的女儿，甚至我，都需要得到提醒：我们是强大的，我们是聪明的，我们是被爱着的。就像萨万娜所说的，我们往往"忘记"了这些。

我和丈夫邀请赛西和梅丽莎分别做奥利维娅和萨万娜的教母，女儿们称她们为"仙女教母"。每逢节假日和某些特殊日子，或者有时根本不是什么特别时间，她们都会带着精心准备的礼物来家里，和我们的女儿们共度时光。她们一起做南瓜灯、一起填色，或者玩过家家游戏。要是没有她们，我都不知道生活会是什么样。

我常常听到这样的说法："驾驶汽车需要培训，做父母却不需要持证上岗，这是多么奇怪的事情。"令人难过的是，许多孩子却得为此承担后果。

我非常感谢这本书，也感谢赛西和梅丽莎在经年累月的工作中与女孩们的促膝长谈。这些谈话帮助她们完整、深刻地理解了作为女孩的感受，总结了父母需要的养育女孩的方法，以更好地帮助女孩成长为美好的人。

辛迪·摩根（Cindy Morgan）

美国基督教音乐歌手、词曲作者

前言

充满潜力是女孩的特点，几乎没有什么能限制住她们。女孩很强大，也不知疲倦，只知道自己有无穷的能量。女孩往往会成为其他女孩的"战友"，并肩努力成为更好的自己。

——芭芭拉·考索恩·克拉夫顿（Barbara Cawthorne Crafton）

《缝纫室》（*The Sewing Room*）

"你不像你的姐姐那么漂亮，所以你必须做出点成绩来。"

女孩听到这句话时只有 8 岁，可是直到她 80 岁了也未曾忘记过这句话。在过去的 72 年里，她一直在努力完成一些能令她感到自豪并最终能让父亲为之骄傲的事情。

女孩的父亲没有意识到她的潜力。他不仅没有将女儿与生俱来的优点引导出来，反而在不知不觉中利用会对女儿带来最大影响的父女关系来伤害女儿。

这种在不知不觉中带来的伤害正是我们写这本书的原因之一。正如无数父母告诉我们的那样，每个女孩来到这个世界时都不会自带说明书，抚养你所爱的女儿应该是你目前为止所从事的最复杂的工作之一。

因此，不论你是父母、祖父母，还是女孩生活中的其他成年人，本书都能为你带来一些启发。我们希望本书能让你深入理解诸如此类的问题：为什么你六岁的女儿会在无法将头发整理成想要的样式时说她"讨厌自己"；当你的孙女因为被"朋友"孤立排挤而连续几天都泪水涟涟地回到家中时，你该如何回应；为什么周围的人认为你的侄女很讨人喜欢，而你看到的则是她的愤怒和冷漠。

养育女孩可能是一项艰巨的任务，这在当今的困难程度与过去相比更是不可同日而语。一直以来，困扰女孩的问题包括但不限于午餐时和谁坐一起、舞会穿什么衣服，以及20年后要嫁给哪个男孩等。长期以来，女孩还与抑郁症、自杀、虐待和进食障碍等问题斗争着。

然而，时至今日，事情已经发生了更危险、复杂的变化。女孩可能会跟着朋友去卫生间，确保彼此没有在午餐后偷偷把食物吐出来。自伤和网络社交更是养育女孩过程中绕不开的话题。每代人在成长过程中面临的问题基本相同，但这些问题似乎在加剧。再加上女孩会遇到的老问题——青春期的不安全感、初中女孩的尖酸刻薄以及高中男孩的蠢蠢欲动，作为父母，你的担忧会越来越多。

作为明日之星儿童和青少年咨询服务中心（以下简称"明日之星"）的辅导员，我们在办公室遇到了很多这样的父母，我们接待的孩子从小学二年级到高三，不一而足。孩子们正面临着数不清的问题，其中大部分问题在任何一所学校都很普遍。孩子们在社交问题（如遭受取笑）、家庭问题（如父母离婚或家庭成员去世），以及自尊问题和自伤问题（如进食障碍和尝试酒精）中挣扎着。还有许多家庭来到我们这里，只是为了防患于未然。无论他们是出于什么原因来明日之星的，这些父母都可能和你一样——关心着他们所爱的孩子，并希望得到我们的支持，去帮助他们的孩子挖掘潜能，让孩子成为最好的自己。

根据我们最常从父母那里听到的、他们最为关切的问题，我们将在本书讲述以下三部分的内容。

☆ **第一部分：陪她一起走过成长的四个阶段**。我们在实践中花了大量的时间与父母讨论女孩的发展阶段，并解释了随着女孩的不断成熟，我们又该持有哪些不同的期待。在了解了特定发展阶段中的典型行为后，你就能明白女孩的某些行为并不是性格缺陷的标志，而是发展的正常表现。

☆ **第二部分：她在经历什么**。在这一部分，我们将更深入地探究女孩的内心和想法，也会更仔细地观察她周围的文化以及她所承受的、针对她的压力。

☆ **第三部分：身为父母的你，该如何帮助她**。理解女孩生活中发生的事情有助于我们更好地回答最后一个问题："该如何帮助她"，且有助于我们为女孩提供不同形式的帮助。当你学会相信她、喜欢她，并透过自己恐惧的阴霾清楚地看见她时，你就是在帮助你的女儿。在这一部分，我们希望让你了解你的女儿是老天赐给你的一份独特的礼物，也希望帮你明白应该如何唤出她的独特自我——这就是被我们称为"命名"的过程。

虽然这三部分是按顺序讲述的，但你可以随意地在书中漫游。在第一部分中，我们介绍了女孩在四个发展阶段中身体、精神和情感发展的相关信息。为了了解和预防一些问题，你可以从头到尾地读完整本书，也可以只阅读与自己的女儿有关的章节。无论你以哪种方式阅读，只要对你有帮助就好。

第二部分和第三部分对女孩生活中的任何成年人都有所裨益。如果你的女儿年纪尚小，这些内容能帮你未雨绸缪，知道可能会发生什么，并准备好去智慧地应对和处理；如果你的女儿是初中生或高中生，你能借此了解她没有说出口的一切——她是谁、她在想什么，以及你可以如何帮助她。因此，我们建议父母透彻地阅读这些内容。

你可能还会惊讶地发现，字里行间不仅有你女儿的影子，也有你的存在。这正是我们希望你能获得的发现。在辅导女孩时，我们发现父母和女孩都在成长，这正是养育过程的一部分。我们也在书中凸显了同样的原则。我们想为父母提供养育女儿过程中的实用且富有洞察力的工具，也想给父母鼓励和信心，以此帮助父母和女孩共同成长。

我们非常荣幸能从事这项工作。作为咨询师，我们拥有独特的机会，能在那些前来寻求咨询服务的父母和孩子的生活中发声。

随着孩子们不断长大，影响他们生活的声音也在不断变化。父母的声音往往会越来越小，其他声音则会产生更大的影响。我们常说，对于前来咨询的父母和孩子来说，我们只是一种新的声音。我们告诉儿童和青少年的事情其实和他们父母所说的是一样的，但因为我们是不同的声音，所以听起来会更响亮一些。

我们相信，父母也需要听到其他声音。为人父母的旅程既是富有挑战、令人欢欣的，又是令人心碎的，甚至有时会令人感到深深的压抑和孤独。父母也需要有人引导，且那个向导需要理解他们孩子的世界。如果这些向导赢得了孩子的信任，并让孩子愿意更直接和真诚地与他们沟通，那他们就能更有效地引导孩子。我们非常有幸能成为这样的向导，因为我们在父母和孩子的世界里都有涉足。

梅丽莎从 16 岁起就开始做青少年辅导员，一直做着关爱、鼓励儿童和青少年的工作，在改变孩子生活的领域中耕耘了近 40 年。赛西在过去的 13 年里也做着相同的工作，尤其在辅导女孩方面。我们每周辅导的儿童和青少年加起来大约有 50 名，我们俩已经在超过一万名儿童和青少年的生活中发声。

如果我们只是专注在自己的家庭里，就不可能有这样的成效。由于这是我们的工作，因此我们能与所辅导的儿童和青少年共度夏天，我们也能在前来咨询的父母和孩子之间充当桥梁。因为我们不是他们的父母，孩子们愿意与我们沟通；又因为我们是成年人，并且多年来一直从事针对儿童和青少年的辅导工作，父母们也和我们保持着联系。

我们相信，我们在孩子和父母生活中的角色是有帮助的，这使我们发出的声音更值得信赖。因为我们聆听过女孩的声音，并且是许多女孩的心声，所以我们了解女孩的生活中发生了什么；又因为我们日复一日地与心力交瘁、忧心忡忡的父母们促膝长谈，所以我们也能明白为人父母的酸甜苦辣。

你可能也是这些疲惫不堪、满心忧虑的父母中的一员，但我们始终坚信不疑的是，你天生就肩负责任且具备能力来养育你所爱的女孩。命运使你成为女孩的父母，并不是因为你有某种完美的形象，而是因为你有属于自己的能力。如果你是"完美"的父母，那么你可能会期待一个"完美"的女儿，而这样的期待将掩盖你们两个人身上的独特闪光点。

这就是本书的重要性所在：带你进入女孩的内心，踏上了解她周围的世界和内心所发生的事情的旅程；帮你准备好在女孩的生活中发声，呼唤出她独特的自我。

我们非常荣幸能在你养育女孩的过程中为你建言献策。在你阅读的过程中，我们希望你可以琢磨和反思，也希望能在为你带来欢笑的同时，帮你发现女儿的独特之处，甚至发现更多属于你的独特闪光点。

目录

PART
02

第二部分
她在经历什么

Raising Girls

RAISING

GIRLS

第一部分

陪她一起走过成长的四个阶段

第 1 章

我的女儿怎么了

RAISING GIRLS

爱姆婶婶正好从房子里走出来，要去洗卷心菜。她一抬头，就看见多萝西正朝她跑来。

"哦，我亲爱的孩子！"爱姆婶婶兴奋地喊着，一把就把小姑娘搂在怀里，一个劲儿地亲吻她，"你究竟是从哪儿回来的呀？"

"我们从奥兹国回来，"多萝西认真地说，"还有托托，它也去了那儿。啊，爱姆婶婶，终于回到家了，我真是太高兴啦！"

——莱曼·弗兰克·鲍姆（Layman Frank Baum）

《绿野仙踪》（*Wizard of Oz*）

"我不知道我的女儿怎么了，以前她一放学回到家就想跟我聊天，而现在我都无法让她从自己的房间出来。我担心她得了抑郁症。"

* * *

"我的女儿现在满脑子想的都是朋友。她现在不愿意去见她的祖父母，也不再弹钢琴了。整天就是拿着手机，同时和六个朋友聊天，好像只关心她自己的事。"

* * *

"我的女儿养成了让人害怕的撒谎恶习。撒谎内容从午餐吃了什么到考试成绩，再到会和朋友在外面待到多晚。这已经不是情节多严重的问题了，她好像已经开始分不清谎言和现实了。"

这些只是我们每天从父母那里听到的众多烦恼中的几个而已。这些向我们寻求帮助的父母，或多或少都曾看着女儿说"你这是怎么了"，或者像爱姆婶婶那样说"你究竟是从哪儿回来的呀"。

父母出于对孩子的关心而前来与我们交谈：有时是孩子的生活突发变故，使得父母觉得自己需要找个人倾诉；有时只是父母想不明白孩子的生活中发生了什么，但他们觉得自己需要寻求帮助。在后一种情况中，有一个词能使至少 60% 的情况明朗化——发展，也就是我们常说的"成长"。

"为什么明明什么都没发生，我的女儿却对自己感觉那么糟糕？"

因为成长。

"为什么我的女儿在这个年纪说的话比她哥哥当时说的多？"

还是因为成长。

"为什么她再也不让我帮她做任何事情了？"

你大概也猜到答案了——成长。

这里我们并不是要将养育女孩过程中遇到的所有困难都归咎于成长，但它的确会引起变化、带来不同。

女孩必经的四段成长历程

"成长"的定义是"将所有潜藏的内在都激发出来"。无论你的女儿是 2 岁、12 岁还是 20 岁，她的内在既有美好的，也有令人不悦的，这再正常不过了。

有时，你会感觉有人把 5 分钟前那个讨人喜爱的女儿偷走了，把她换成了一只长着同样眼睛的喷火龙，这也是完全正常的。

此时，你会问自己："我的女儿怎么了？"

第一部分回答了这个问题。在这部分，我们讨论成长的具体内容。我们将女孩的成长分为了四个阶段，并介绍了在每个阶段中，女孩在身体上、情感上和精神上会发生什么。我们还分享了作为成年人在每个成长阶段可以为女孩提供的帮助。

☆ **探索阶段**（0~5 岁）。在探索阶段，女孩开始认识周围的环境。她们会发现自己是独立于父母的。她们也通过爬行和蹒跚学步来逐渐离开父母的身边，走向自己的身份认知。

☆ **冒险阶段**（6~11 岁）。冒险阶段的关键词是学校、友情和各种活动。女孩将在尝试新事物的过程中拓展自己的能力和极限，理解成功和失败的含义。

☆ **自恋阶段**（12~15 岁）。这是关于"我"的一个阶段。女孩在自恋阶段总是以自己为中心。她的思想会受到外貌、他人对她外貌的看法，以及对她个人的总体看法的影响。

☆ **自主阶段（16～19 岁）**。在这个年龄段，女孩对自己的生活承担
了更大的责任，并有了更多的掌控感。她能够清楚意识到自己真
正的想法并表达——对什么充满热情、选择与谁交往、如何安排
时间以及自己究竟要成为什么样的人。

父母在看着女儿成长的过程中，情绪会像坐过山车一般起伏不
定。在看到 13 个月大的女儿迈出第一步时，你开心不已，但也明
白她将逐渐远离你，变得更加独立；在你第一次送 6 岁的她去搭乘
校车时，你看着她即将进入一个没有你参与的新环境，你会为她骄
傲，但也会流下泪水；当 12 岁的女儿当着你的面关起她的房门而不
是迎接你时，你的心会跌到谷底；当 18 岁的女儿第一次自己开车出
门时，你的心中又会涌起混杂着恐惧、憧憬和希望的复杂情感。不
过，故事的最后，就像多萝西那样，你的女孩会穿着蓝色格子裙，
牵着小狗托托朝你奔过来。你将她拥进怀里说："我亲爱的孩子，
你到底是从哪儿跑回来的呀？"而她只是很高兴能回到家。

成长是一段旅程—— 一个所有女孩从出生到 19 岁都将经历的
旅程，并且对我们大多数人来说，成长都将继续下去。在每个阶
段，女孩都在不断学习一件有价值的事——她们是谁。在成长过程
中的尝试和错误都将帮助女孩重塑自己的性格，这将有助于她们在
成年后驾驭自己的生活。

一切烦恼皆因成长

如果你的女儿没有经历过这些重要的成长阶段，她将永远无法
学会与父母分离，也无法成长为独特的自己。

女孩在发展中很可能会陷入困境。如果孩子（无论男孩还是女孩）在生活中突逢变故或遭受创伤，他 / 她通常可能会在发展中停滞不前，甚至永远无法跨越某个特定的成长阶段，这会给他 / 她未来的生活造成伤害。

我们有一个朋友，她的母亲在分娩时去世，父亲从事国际商务工作。她在一个朴实的文化环境中长大，人们的衣着与社会地位无关。当她读六年级时，她的父亲决定在美国再婚并开始家庭生活。于是，她随父亲前往得克萨斯州的达拉斯读初一。她没有社交的意识，也从未听说过何为"流行"，自然也不关心自己是否跟得上潮流。你可以想象，她的世界在几天内发生了翻天覆地的变化。

截至目前，我们的这位朋友在人际关系方面仍有困难：她不擅长社交，而且有一种不够成熟的幽默感；一旦她和某个人走得很近，她就会破坏这种关系，因为她认为争吵能使友情更亲密，所以她会故意与朋友发生矛盾，但朋友很快就受不了她了。

就人际关系而言，我们的这位朋友至今仍然像个初一的孩子。她在那时陷入困境，至今仍无法跨越。任何人都可能在人生发展旅途中的不同地方陷入泥泞，每个人都可能在某个时间节点面临困难。

当你阅读有关成长的章节时，你可能会读到你从未达到的里程碑，或是了解到你的父母未曾给过你的支持和建议。

即使我们的父母失败了，即使我们身为父母也遭受挫折（这是常有的事），但还是有希望的。我们不需要成为完美的父母，也不需要用完美的过去"装备"自己。我们可以通过自身的成长，去帮助那个被我们带到这个世界上的小生命成为更好的自己。

在阅读这一部分时，你不仅可以思考女儿的过去，也可以回顾你自己的成长经历。你认为自己在每个特定时期的发展情况如何？你在哪些阶段可能"卡壳"了？你能看到这种"卡壳"是如何影响你的养育方式的吗？你能看到这种"卡壳"是如何影响你对自己的看法或你的亲密关系的吗？

在本书的最后一部分中，我们将进一步讨论审视我们自己生活的重要性。在阅读本书时，你可以采取如下方法：

☆ 读一点；

☆ 放下书；

☆ 与你的伴侣或朋友交谈；

☆ 思考如何有智慧地教导女儿；

☆ 反思自己的生活。

直到你离开这个世界，你和女儿的发展都不会完全地结束。为了更多地了解女儿正在经历的事情，你可以经常回想自己的成长历程，包括成功和失败、压力和紧张。

养育女孩并帮助她成为独特的自己是一项艰巨的任务。她在成长的过程中会体现出不同的特征或出现各种难题，这令养育变得尤为困难。事实上，我们从她们身上看到的东西，与我们的父母当初在我们身上看到的并无二致。知道这些都是正常的——不仅发生在你的女儿身上，而且是每个女孩成长过程的一部分，摆正心态，就会使养育女孩的过程变得稍微容易一些。

第 2 章

个性的形成：探索阶段（0～5岁）

RAISING GIRLS

当一个孩子在观察某些再普通不过的物体时，你会发现他对每一处细节都会进行细致入微的探索——这种凝神思索的行为，使得观察者的行为有了神圣庄重的色彩……我需要一个孩子来再次告诉我，这个世界是多么地奇妙，所有存在的事物又是如何被赋予了令人难以抗拒的吸引力。

——迈克·梅森（Mike Mason）

《儿童的奥秘》（*The Mystery of Children*）

青少年时期的我（赛西）几乎很少发脾气，但有一天晚上我发火了。时至今日，我对当时发脾气的原因仍然理不出头绪，只记得是因为某些对 15 岁的我而言非常重要的事情。我记得我对父母大吼，语无伦次地大声抱怨，还用尽全身力气将梳子砸向镜子。最后，我满脸泪水地上床睡觉，并发誓再也不和他们任何一个人说话。

第二天早上，父亲让我放学后从学校直接回家，这样我们就可以一起谈一谈。那天下午我回到家时，一脸严肃的父母将我邀请到卧室里。我本以为在父亲对我说的话语里会出现"不尊重"和"禁足"这两个词，但我只听到一个词——"婴儿"。我不得不让他们重复好几次，才确定那句话是"你的母亲怀孕了"。当时我脱口而出："我以为你们不再造人了。"

好吧，看样子他们还是这样做了。第二年的7月7日，我迎来了一个漂亮可爱的妹妹——凯瑟琳。我的父母非常开心，我也很兴奋——因为我在这个夏天第一次拿到了车钥匙，而他们的注意力正好完全放在另一个人身上。

在此之前，我从未接触过婴儿，所以我时不时地将车停在一边，和凯瑟琳一起玩耍。事实上，是我以为我能和她一起玩，但她却没有加入游戏。在16岁的我看来，她什么也没做。当她面露微笑或者咯咯发笑时，我的父母就特别兴奋，就像是看到我带了一张"A"的成绩单回家时那么高兴。对此，我感到无法理解。我记得我常常对母亲说："她好像很无聊，我已经准备好和她一起做些事情了。"

然而，当我以为凯瑟琳所做的一切就是带着可爱的微笑躺在那里吃喝拉撒睡时，她的大脑里其实正在以风驰电掣般的速度建立着各种联结——她正在学习区分图像和声音，正在发展自己的性格，也开始以婴儿的方式认识这个世界。

在0~5岁期间，孩子们每天都在执行着无数里程碑式的重要任务。因为婴儿的大脑正在不断地形成新的神经通路，所以他们的每一天都是一堂生命的速成课。每过一小时，他们就会看到、感受到、听到、闻到（还可能会尝到）新的事物。婴幼儿正在学习包括关系、信任、希望、独立、依恋在内的概念，这些概念对于成年人来说，是需要用一生的时间才能尝试去理解的。对于处在探索阶段的女孩而言，她们是在行动中探索这些概念的。她们正在学习爬行，学习自己站起来，学习走路，学习说话。

只是试想女孩生命中的前五年会发生的一切，就有可能让我们心力交瘁，但如果我们能认真思考并对待这一过程，她们就能从中获益。为了帮助女孩在这前五年很好地成长，我们需要了解她们在身体、情感和个性，以及精神生活上的发展，这是至关重要的。

她的阶段特征：天生健谈、会照顾人

在我们写这章时，我们的朋友米米过来拜访我们，给我们鼓励和鞭策，然后问："进度怎么样了？"

梅丽莎回答道："我们正努力着呢，刚写到关于身体的部分。"

"这个阶段有什么可说的？"米米问，"婴儿都是小小的、可爱的、软糯糯的。"

米米说得没错，婴儿又小又可爱，而且非常、非常弱不禁风。她其实也知道，在她养育的三个女孩身上还有很多其他特点。我们很难了解在这个年龄段的女孩身上到底发生了什么，因为她们尚且无法用语言将大脑中发生的一切表述出来。不过，我们确定的是，女孩的大脑中正在发生着大量的活动，并且与男孩大脑中的活动有所不同。虽然男孩和女孩的身体结构看起来很相似，但他们大脑中发生的事情却截然不同。这种在大脑发展方式上与生俱来的差异，使得女孩和男孩在探索阶段获取技能的方式也有所不同，主要表现在以下四个重要方面。

言语发展

女孩比男孩更加健谈。这在很早的阶段就开始了，到了青春期才会放缓——青春期时的女孩看似不那么爱说话了，但其实只是不跟父母说话。一旦女孩开始学会说话，这种健谈的势头就会迅速形成。这有一个非常简单易懂的生物学原因，至少在探索阶段的女孩身上体现出来了。大脑的发展都是从右半球开始再到左半球的，当左半球开始发展时，语言功能就开始发展，孩子就开始说话了。由于女孩大脑的左半球比男孩发育得早，因此女孩开始说话的时间也早于男孩。

冲动控制

我们在团体辅导中负责领导男孩小组的同事戴维和杰里米会时不时地告诉男孩们："把手放在屁股下坐好。"因为这些男孩常常互相戳戳打打，这是他们彼此之间交流互动的自然方式之一。他们在控制冲动方面也有困难。然而，在我们和女孩的团体辅导中，我们并不需要要求她们像男孩那样将手放在屁股下面坐好。有时，我们反倒希望她们管好自己的嘴（这与大脑左半球有关）。

在 0 ~ 5 岁的早期阶段，女孩的冲动控制能力比男孩更强。因为女性的大脑会分泌更多的血清素，而这与冲动控制直接相关。哪怕有时看起来并不是这样，但女孩的确比男孩更能检视和控制自己的行为。

多任务处理

女孩的枕叶也比男孩发育得更快，枕叶是大脑负责接收感官数据的区域。女孩可以在同一时间内接收更多的信息，男孩则倾向于专注在某个单一事件上。枕叶的发育也使得这个年龄段的女孩具有更强的分辨能力，如她们可以分辨母亲的声音和父亲的声音。她们能体验并识别不同的情绪，如她们能分辨出别人是难过还是开心。此外，她们的感官认知也更加具体，她们能比男孩更早地注意到不同的气味、声音和景象。

与男孩相比，这种更强烈的感官意识使得女孩有能力去处理更繁杂的信息。她们能够记录和识别更多输入的信息，并给出相应的回应。在一个房间里，女孩能够意识到更多对话，也能注意到更多出现在房间里的人，甚至会给出更多的反应。就本质上而言，这种能力为女孩在同一时间进行多任务处理奠定了基础。因此，当女孩上初中时，她们的大脑已经准备好了在食堂里注意所有细微的社交线索。上了高中后，女孩可以同时进行几场对话，不论是面对面的还是线上聊天。随着她们成长成人，女孩还可以同时进行管教孩子、准备晚餐和计划第二天的工作事项等事务。

照顾

我们的闺密佩珀有四个可爱的孩子，三个男孩和一个女孩。她最近和我们分享了她的女儿玛丽和她的儿子们的区别："玛丽就像是家里的照顾者一样，她特别不喜欢看到哥哥威尔被叫去'计时隔离'①，所以她会把哥哥的玩具拿给他，这样他就不会伤心了。她给他递玩具、食物和水杯，甚至试图和哥哥一起面壁思过。然而，她的双胞胎兄弟布朗却希望威尔一直待在计时隔离区，这样他就有机会玩消防车玩具了。"

这与枕叶有关。虽然她和布朗都是两岁，但她比布朗更容易发现威尔的难过情绪。就像女孩平常关心的问题那样，她能看出威尔很伤心，需要得到安慰，或者需要填饱肚子。

佩珀最小的儿子伊恩是在玛丽不到两岁时出生的。佩珀告诉我们，当她给伊恩喂奶时，玛丽会抱起她的娃娃玩偶，把娃娃举到胸前。玛丽有一种照顾人的内在本能。她用毯子紧紧地裹住娃娃，喂娃娃，照顾娃娃，就像她的母亲照顾伊恩那样。这不仅是因为她的母亲示范了照顾的行为，还因为玛丽的养育和照顾意识是与生俱来的。

女孩的大脑会比男孩分泌更多的催产素，这是一种与女孩和女人的养育需求直接相关的激素。这就是玛丽的天性，让她喜欢抱着娃娃，并想安慰伤心的哥哥。

梅丽莎的嫂子贝齐最近告诉我们，她试图以同样的方式抚

---

① 计时隔离（time-out），又称暂停法、暂时隔离法，是一种问题行为干预策略，即让孩子停下手中活动，去指定空间独自冷静和反省。——译者注

养她的女儿和儿子，她不希望他们在早期对性别产生刻板印象。因此，她给女儿玛迪和莉比以及儿子约翰和萨姆，都送了娃娃玩偶。你猜怎么着？萨姆和约翰抓起娃娃，径直摔向一旁；他们将娃娃放进玩具汽车，然后让车"坠入悬崖"；他们还和娃娃"打架"。玛迪和莉比则是抱着、爱护着娃娃。

从生物学上讲，他们对待娃娃玩偶的不同方式是情有可原的。男孩和女孩在生理上天生就是不一样的。虽然女孩在大脑发育方面也有更倾向于男孩的那一面，反之亦然，但这与他们的性征和未来的性别角色无关。这只和一个事实有关，即我们每个人都不是完全符合思维定式中对性别的刻板印象，因为我们都是独一无二的个体。

她的个性标签："倔强"的命令者

我们有一个 12 岁的朋友玛米，她总是活力十足，洋溢着生命的活力。无论她做什么，都带着饱满的热情和兴致。笑的时候，她笑得开怀恣意；骑车时，她喜欢"冲锋"在队伍前面；当她欣赏一部电影时，那便是有史以来最棒的电影。玛米还喜欢表演。每当朋友来家中过夜时，她们都会用梳子当道具，重现美国著名爵士歌手纳京高（Nat King Cole）的歌曲《L-O-V-E》，她的表现可以和驻唱歌手的表演相媲美。当她还是个小女孩的时候，玛米的父亲给她取了个绰号——"热情灵魂"，这象征着她的豪迈、她的独特和她的个性。

个性体现了一个女孩的独特之处，女孩大部分的个性在 0 ~ 5 岁这个阶段均已形成。当不少父母谈起女儿的个性时，他们都会说"我知道我的女儿很固执，她生来如此"，或者"你现在看十几岁的她意志坚定，其实你应该看看她两岁时是怎么固执地跺脚的"。听到这些时，我们都称奇不已。女孩在探索阶段形成了大部分的个性，且她们的决断力、探索意识，甚至是自我意识的萌芽都开始逐渐占据中心位置。

探索阶段的女孩常会说这样的三句话（实际上是命令）：

☆ 抱我起来；

☆ 快过来；

☆ 看我的。

在生命最初的这五年中，女孩的个性不仅仅得到了发展，更准确地说是大声地、响亮地发展着。这就是身为幼儿的任务，她们不是闷声安静地成长，而是大声地宣告着这一过程。她们的需求也不是低声细语地说出来的，而是大声吆喝着表达出来的！所以，让我们来看看这三句命令背后究竟有着怎样的情绪需求。

"抱我起来"：对爱意的需求

层出不穷的研究都阐述了婴儿对于爱意和感情的深刻需求。事实上，不仅是他们对亲密感有所需求，亲密感也保证了他们身体和情感的茁壮成长，因为这些成长都源于身边主要照顾者提供的亲密照顾。研究还表明，没有获得这类情感的婴儿往往会发育不良。养育婴儿时，照顾者给予的爱意和亲密感的多少，会对婴儿的情感生活和未来照顾自己的能力产生深刻的影响。

幼儿也需要感受到爱意，只是需要的时间比较短暂。在他们说"抱我起来"之后，紧接着马上就是一句"把我放下"，因为他们在需要感受爱意和亲密感的同时也需要发现自己的身份认同。他们仍然希望有人抱着、搂着，希望可以爬到父母的腿上，让父母给他们讲故事。他们也仍然喜欢被抱在臂弯里摇晃，特别是他们有刚出生的弟弟妹妹时，他们就更为渴望这些亲密举动。与此同时，他们也喜欢自由自在地四处走动和探索，尤其是当他们看到自己的哥哥姐姐这样做的时候。

我们的一位好友告诉我们，她的女儿在探索阶段最常说的两句话就是"我长大了"和"我是你的宝贝"，她常常在一个晚上就能同时听到这两句话。她的女儿会说："我长大了！"这样她就可以跟着哥哥姐姐出去玩，或是可以为了看电影而晚些睡觉。然而，每次都是在几分钟内她就满眼困意，然后揉揉眼睛，晃晃悠悠地走到母亲身边，让母亲将她抱起。

> "我以为你长大了，想看电影，然后晚点睡。"
> "不……我是你的宝贝，快抱我起来！"

她的女儿意识到了自己对亲密感的需求，也意识到了自己需要成长为"大女孩"。在探索阶段，女孩会在这两者之间来回反复。值得注意的是，青少年也有相似的行为。

探索阶段的女孩可能会先拽着你的裤腿要你抱她，然后又迈开小步子，屁颠屁颠地快速从你身旁跑开。她们会折腾得筋疲力尽，然后再回来找你。她们需要亲密的爱意和感情。即便随着年龄的增长，她们不再需要或是表现得不再需要那么多的亲密感情，她们仍对此有一定程度的需求。她们需要你拥抱着她们，紧靠着她们，并用触碰等亲密动作和她们玩耍。亲密的触碰举动可以帮助处在探索阶段的女孩知道自己是安全的、是被爱着的。

"快过来"：对互动的需求

探索阶段的女孩们所做的事情就是发现新事物。她们对一切都充满兴趣、着迷不已——从毛毛虫到小狗，再到其他孩子。只要她们注意到一个新事物，就会立刻被吸引，并好奇接下来会发生什么。女孩会徘徊着回到母亲身边，抓住母亲的手，然后开始拉扯母亲，奶声奶气地说："来这里！""妈妈，爸爸，奶奶，快过来！"处于探索阶段的女孩一旦发现了令她们兴奋的事物，就会迫不及待地想要分享。这与另一个概念——互动有关。我们认为这是女孩在探索阶段的情感方面的一个很重要的概念。

互动有助于女孩在探索阶段学习社交。当她学会和主要照顾者互动时，就能更自信地与其他人互动。

探索阶段的女孩不断地寻求与父母互动。她们就像复读机一样地大声乞求，这就是她们寻求与父母互动的方式。她们的要求可能是请母亲和她一起抚摸一只小狗，也可能是让父亲和她一起做她们正在体验并希望与父母分享的事情（比如做游戏或看蜘蛛）。本质上，她们是在寻求与父母互动。

这个阶段的女孩需要互动的原因与婴儿时期不同。一个九个月大的女婴还不会说"快过来"，所以当她正在微笑或者大笑时，她对你发出的邀请是做出面部表情互动。当你以微笑回应她时，她就能看到、感受到你对她的在意和喜爱。一个两岁的女孩可能为了表现自己的独立性需要与你互动——即使她想说"不"，互动也能为她提供说"不"的机会。一个四岁的女孩则需要通过互动来学会如何与人相处，学会分享和友好待人。

去年冬天，我们与好友辛迪及其两个女儿——5岁的奥利维娅和2岁的萨万娜——共进晚餐。饭后，我们决定给她们送上迟来的圣诞礼物——一个需要组装的游戏屋（零件包括14根杆子、42枚螺丝、84片螺母垫圈以及一个布制的帐篷），最终成品将会是一座写有她们名字的粉红色小屋。毋庸置疑，组装游戏屋是一项相当大的工程。

5岁的奥利维娅非常想帮忙，因为通过贡献自己的力量能为她带来信心。她满脸急切地在零件堆里寻找合适的杆子或垫圈。当她将找到的这些零件递给我们并听到我们对她说"谢谢你，奥利维娅"或是"干得好"时，她的眼睛就亮了起来，有了目标感。2岁的萨万娜觉得自己也能帮忙，但是当奥利维娅坐在她身边，开始翻找那些闪亮的螺母垫圈时，萨万娜改变了主意。对于萨万娜而言，我们都是背景，在这个背景下她可以表现自己的独立性。她想自己去完成一些不同的事情，她想自己拿着所有的垫圈和螺丝，她可能想建造自己的房子。

处于探索阶段的女孩渴望互动，她们想加入你在做的事情，成为其中一分子；她们想搭把手，并且她们往往是想自己动手。虽然她们想要互动的原因不尽相同，但是她们的确渴望与你互动。我们与她们的互动不仅给了萨万娜一个表达自己的独立性的机会，也给了奥利维娅信心。

父母在女孩探索阶段的互动中扮演着重要的角色。在她们学习如何与周围的世界互动时，她们也在学习和父母建立关系。父母将是最初教她们友善待人和乐于分享的人。当父母鼓励她们并给她们提供帮助父母的机会时，就是在帮助她们培养自信心。随着她们信心的增长，她们的自我意识也不断发展，这与探索阶段接下来的一句口头禅有很大的关系："看我的！"

"看我的"：发展自我意识的需求

一位朋友曾告诉我们，她以前觉得附近公园里的孩子很可怜，因为他们总是一遍遍地喊："看我的！"当他们爬到滑梯顶端或是当秋千荡到最高处时，他们就会喊出这句话。他们在做什么并不是重点，重点是他们想要得到回应和认可。这位朋友说，她为这些孩子感到担忧，并且很好奇："难道在家里没有人关注他们吗？"直到她的孩子也到了这个阶段（如果你的孩子也处于这个阶段，你一定会会心一笑）。那些大声喊叫着求关注的孩子其实一直在被关注着，无论他们得到了多少回应，他们仍然渴望更多。

这并不是因为孩子们缺乏父母的疼爱而出现情感黑洞，也不意味着他们日后会成为以自我为中心的成年人（虽然在青春期时他们会经历自恋的阶段）；相反，寻求关注的行为意味着他们正在发展自我意识。

对女孩而言，她们的成长是建立在关系的基础上的。当一个女孩在游乐场的滑梯上大喊"看我的"时，她的潜台词是："我觉得我做了一件了不起的事情，你不这么认为吗？"女孩希望得到关注，成为她们所爱的人关注和称赞的对象，这有助于她们发现自己是谁，形成自我意识。对于一个蹒跚学步的幼儿来说，其主要照顾者将担起这个责任。随着年龄的增长，女孩会试图引起其他人的注意，如老师、同龄人和男孩。此外，当她慢慢长大而不再是儿童时，她表达自己需要被关注的方式也会发生改变。无须她多言，她的妆容、衣着和所作所为都会表达出"看我的"的声音。

每个阶段的女孩都渴望得到来自被她们视为最重要的人的注意。她们想成为母亲、父亲乃至七大姑八大姨的掌上明珠。当她们在滑梯、泳池跳板或平衡木上喊着"看我的"时，她们其实是在做所有幼儿都在做的事情——一边徘徊着探索，一边回头张望。她们想不受限制地爬上滑梯，但又想让你看着她们并喊出你的赞许。徘徊和赞许一样，都与她们不断增长的自我意识有关。

处于探索阶段的女孩以孩童的方式开始自己的独立活动。她们在爬行和走动中逐渐离开你的身边。她们学习爬行、跑跳，并学着与父母分开。作为父母的你也希望她们能这样做。

如果你过度保护孩子，不允许她们离开你，她们就将难以建立自信；如果你不允许她们发展自己的能力，她们就无法相信自己可以做到，甚至会怀疑自己和自己的能力。不过，你对此无须矫枉过正，有些许的怀疑其实是有帮助的，因为你希望她能感到自信，而不是盲目自大，以为自己无所不能。无限度的自由也是有代价的。没有界限感的孩子会变得过于冲动，会觉得自己可以随时为所欲为。要解决这些，父母需要的答案就在于"平衡"二字。

探索阶段的女孩需要你的关注，她们需要你注视着她们的探索和冒险，然后在旁加油鼓劲："真棒！""干得好！"她们需要你去允许她们进行这些冒险，让她们增加自信心，然后还需要你注意到她们，并大声表达你由衷的赞同。

你希望女孩在探索阶段有什么样的情感发展？你的答案很可能是这样的：

- 你希望她在你的照顾下有安全感，知道自己会被抱起和拥抱，但也期待自己最终会被放下，走向独立；

- 你希望她不仅懂得互动，还能友善待人；

- 你希望她能发现自己独特的个性和独立性，以及萌芽中的自我意识和个人意志，同时也要明白你的意志比她更强大；

- 你希望她有主观能动性，可尽情享受迈开步子和自在玩耍的自由，同时也明白有界限能保证她的安全；

- 你希望她知道你关注着她，知道她是最好的"跳水运动员"、最好的"足球运动员"、最好的"歌手"，是最好的女儿、孙女和最棒的礼物（即使她在五个女儿中排行第三，也是最好的）。

她的精神需求：信任、满怀希望与敢于想象

人生的最初五年对于女孩的精神发展来说至关重要，她们对这个世界的认知正在逐渐觉醒。一个女孩如何理解这个世界并与之互动，将直接关系到她在最亲密的关系中如何与人建立联系。以下三个重要的任务可以帮助她发展这些联系：学会信任、坚守希望、敢于想象。

当她在与周围人的关系和互动中学习信任、希望和发展想象力时，她就能在认知世界时发展出相同的能力。

学会信任

处于探索阶段的女孩会问很多的"为什么"。她们想知道为什么父母会提起某件事？为什么云在天空中飘动？为什么消防车会有警报器……几乎所有能问的问题都会在人生的前五年里被提出。为什么？因为女孩信任你，她相信你知道并且会告诉她答案。在这个阶段，女孩信任她生活中的成年人，原因很简单，即你在她们的心

目中值得信任。当她饥肠辘辘时，你会填饱她的肚子；当她泪水涟涟时，你会给她温暖的拥抱。你会为她换尿布，带她看医生，并满足她所有的基本需求。

著名心理学家埃里克·埃里克森（Erik Erikson）认为，孩子信任他人的能力与其对主要照顾者的信任直接相关。如果一个孩子最先接触的人（通常是父母）具有一致性，并能为其提供稳定、持续、可靠的照顾，那么这个孩子就能学会信任。因为他的家为他提供了安全感，所以他就会相信这个世界也是安全的。

反之，如果一个孩子接触的第一个环境是不安全的（如父母可能虐待或忽视他），那么他就会觉得世界上的其他地方也是如此。如果他的主要照顾者无法稳定地满足他最基本的需求，他就会形成固有观念，即认为其他人也是如此不可靠。这样一来，他所发展的关系就不是以信任为基础，而是建立在不信任之上。

因此，埃里克森认为，婴儿照顾者的主要任务就是建立信任，且信任将产生更多的信任。作为父母、祖父母或其他监护人，你是一个年幼女孩的第一道防线。她需要知道你是值得信赖的，且对此深信不疑。不过，话说回来，每时每刻都无条件地满足孩子的每一个需求显然是不可能的事情。父母也需要填饱肚子，也需要在没有孩子在场时自在地享受二人世界（如看场电影），父母还需要发展除家庭角色之外的职业角色。不过，我们需要确保每个孩子的照顾者都是值得信赖的。

然而，当儿童被严重忽视、遭受遗弃或虐待时，他们往往无法学会信任，这将严重影响这些孩子对父母、其他关系和周围世界的看法。

我们经常能在那些因遭受虐待或忽视而被其他家庭收养的孩

子身上看到这种情况。他们生活在强烈的不信任之中，因为他们从未学会信任。他们执着于囤积物品，有时还会从养父母那里偷取食物、金钱等基本生活必需品。这些孩子觉得必须得自己照顾自己，尽管证据表明真实情况恰恰相反。

养父母可能是值得信赖的，但是这些孩子从来没有机会发展对他人的信任。这种信任是一种特征，为情感和精神生活提供了基础。当然，这并不是说孩子再也无法学会信任，他绝对可以，而且我们也不止一次地看到有人做到了。不过，对于这些孩子来说，信任并不能理所当然地形成，就像那些在受照顾和爱护的家庭中长大的孩子那样。

青春期少女蕾切尔就是一个鲜明的例子。在她五岁之前，父母不是酗酒就是使用违禁药物。她和兄弟姐妹们不得不自己照顾自己，她的姐姐还曾去垃圾箱中寻找食物。在她和兄弟姐妹从家中被带走前的那几年，蕾切尔几乎没有太多相关记忆。

她对亲生父母唯一的记忆是在一个农场里，彼时她还在蹒跚学步，她的父亲让孩子们去田里和马玩耍。玩耍时，马受到了惊吓，其中一匹马试图踩踏蕾切尔。根据蕾切尔的回忆，她的母亲跑过来将她从马身下拽了出来。

这是蕾切尔对于生母的唯一记忆，也是她用尽全力才回忆起来的。可悲的是，在现实中，她的生母完全不值得信赖，她无法为孩子提供安全的港湾和食物。然而，这个十几岁的女孩至今紧抓着那段生母将她从马下救出的记忆，因为这个记忆显示出生母对她还有一丝值得信赖的关爱。

进入青春期后，蕾切尔开始偷养父母的东西，也交过一些极为不靠谱的男朋友，他们不负责任又危险，而且她似乎难以维持友谊。蕾切尔的养父母非常善良，深爱着她，也愿意做任何事情来弥补她幼年错过的东西。蕾切尔非常想信任他们，并且她也正在慢慢地学会信任他们。

蕾切尔无法理解自己为什么会出生在那样的家庭里，为什么她会被亲生父母忽视，为什么她会从父母身边被带走……作为成年人，我们也无法以一个十几岁的孩子能理解的方式向她解释这些问题。

一个女孩的精神生活深受她对他人信任程度的影响。如果她知道父母爱着她，一切为她好，那么她通常会相信自己在世界中是"可爱的"存在（也许除了在初中时期）。她的父母爱她，会回应她的需求。这听起来可能很简单，但女孩在探索阶段的思维方式也很"简单"。

她的语言和理解能力有限，并不会按父母的思维方式思考。因此，当女孩处于这个年龄段时，父母的语气、面部表情和肢体动作都比父母的语言更容易将信息传达给她。

换言之，在探索阶段，女孩虽然不可能在口头上被说服，但她完全可以通过其他方面来推断父母的可信赖程度，父母的行动让她相信他们是值得信赖的人。她知道父母是值得信赖的，因为他们愿意抱起她，牵起她的手，告诉她可以抚摸小狗，还愿意趴在地上陪她一起玩娃娃。

一旦女孩知道父母就在那里，且相信他们是值得信赖的，她就能学会相信其他人也是如此，进而相信这个世界。信任是会向外延伸的。当女孩开始探索自己与父母及生活中其他成年人的关系时，她就会发现自己与周遭世界的关联。信任不仅会孕育信任，还会带来希望。

坚守希望

不仅是处于探索阶段的女孩，对我们所有人来说，信任和希望都是内在精神生活的基础。我们先相信，然后有希望。

埃里克·埃里克森在关于儿童发展的著作中，将"希望"定义为"一种明白即使事情进展不顺利，最终也会有结果的信念"。每个人都需要这种希望，而信念恰好在此阶段萌芽。

首先，女孩学会了信任父母。她知道可以依靠父母来照顾、供养自己，并满足自己的基本需求。假如一个两岁的女孩能用语言表达信任，她可能会这样说："我的爸爸妈妈照顾我，他们给我饭吃，为我买衣服，在我需要时抱起我，他们总是在我身边。"

希望则是将这种信任提升到了更高的水平。假如一个两岁的女孩能用语言表达希望，她可能会这样说："当我摔倒和哭泣时，我的爸爸妈妈会抱我起来。"信任，是相信你就在那里；希望，是相信你很快就会来到她身边。从本质上说，希望是情感上的"客体永久性"①。

幼儿在这个年龄段发展客体永久性，指的是幼儿理解了虽然自己看不到某样物体，但不代表这个物体真的消失或不存在。举例来说，如果你女儿手中的饼干掉了，虽然她一时看不到，但饼干存在

---

① 客体永久性（object permanence）这一发展心理学概念由心理学家让·皮亚杰提出，指儿童理解了物体是作为独立实体而存在的，即使个体不能知觉到物体的存在，它们仍然存在。——译者注

于她的视线范围之外（在地板上），没有消失。你甚至还会弯下腰捡起饼干，这成了她乐此不疲的游戏和乐趣来源。

情感上的客体永久性指的是，你的女儿明白即使她想要的某个物体在需要时不在视线范围内，但总是会出现的。如果她摔倒了，你会来到她身边，并在"一分钟内"给她一块饼干安抚她，随后她就可以拿着玩具去玩了。

希望是怀抱期待去等待，等待那个我们所信任的人为我们而来。发展这种希望对女孩而言是一个积极的信号。当一个孩子没有因为要等待一块饼干或等待出门而过度不安（注意，是"过度"）时，换言之，当她没有因为当下的需求得不到及时满足而完全崩溃时，她就在学习"希望"的概念。

与信任一样，这种希望会带来更大的希望。5 岁时学会满怀期待地等待一块饼干，使她基本理解了希望。有了这样的理解，在她12 岁时等待"最好的朋友"到来，或是 19 岁时等待男朋友出现，就将不会那么困难。等她 30 岁时，对于怀孕的等待也不再是完全陌生的体验。尽管在某些艰难的情况下保持希望仍是很困难的，但是能在探索阶段学会坚守希望的孩子，就会对希望有更多基本的了解，并且能为她所用。同样地，渺小的希望也能转化为更大的希望，并将她幼小的精神世界的发展包含在内。

首先，女孩学会了相信父母是值得信赖的。"如果妈妈说她会来，她就一定会来。"这种信任将转化为希望，因为她学会了等待。"妈妈可能这一秒不会来，但我知道她会来，因为她说的是真的。"父母教会了女儿希望，因为父母告诉她，即使不能给出即时的回应，他们也会为她而来。要做到这点，他们需要在她的生活中成为一个具有恒常性的客体，成为一直在那里支持她的存在。

"满怀希望"或"缺乏希望"，都像"信任"那样具有向外延伸的特征。女孩首先在家里学会信任和希望，随后这种希望就会外延到其对世界的认知当中。不妨听听一个早熟的五岁孩子的一些回答，看看其中如何体现了信任和希望的涟漪效应。

> 问：你什么时候感觉与爸爸妈妈最亲近？
>
> 答：当我和爸爸妈妈靠在一起的时候。
>
> 问：对你来说什么是最重要的？
>
> 答：妈妈，我是说爸爸妈妈都是。
>
> 问：如果你能向爸爸妈妈提出请求，你会请求什么？
>
> 答：我希望妈妈不要再打我的屁股，好吗？
>
> 问：你认为你与爸爸妈妈的关系很重要吗？如果重要，为什么？如果不重要，又为什么？
>
> 答：是的，重要，因为我爱我的爸爸妈妈。

很明显，这个小女孩感到与她的父母有联系。她信任他们，相信母亲会聆听她的请求而不再打她的屁股。在她提出要求后，她相信父母是值得信赖的，会满足她，会为她而来。信任和希望是密不可分的，当处境艰难时，仅凭想象力，她就能找回信任和希望。

敢于想象

处于探索阶段的女孩有着与生俱来的想象力。她完全相信你告诉她们的一切，不论是可信的还是不可信的，这与她天生的信任感有关。如果你在女儿三岁时告诉她"你很漂亮"，她就会相信自己很美；如果你说要开车带她去超市，她也不会怀疑你是为了带她去看医生而骗她；如果你说世界上有圣诞老人，那么圣诞老人就是真的，她就会满心期待地、忽闪着大眼睛等待他的到来。

当你在这个阶段为女儿种下信任和希望的种子时，你也在帮助她激发想象力。如同信任和希望，她的想象力和精神发展关系密切。

在《布鲁克林有棵树》（A Tree Grows in Brooklyn）一书中，贝蒂·史密斯（Betty Smith）深刻地阐释了想象力在孩子生活中的必要性。在书中，准外婆玛丽·罗姆利（Mary Rommely）告诉怀孕的女儿讲故事的力量。她谈到了和未出生的宝贝外孙女分享民间故事、神话传说和童话、莎士比亚和圣诞老人的重要性。当被问及原因时，玛丽这样回答：

> 因为孩子得有想象力。想象力是无价的。孩子得有一个隐秘的世界，里头住着从来不存在的东西。她得相信，这很重要。她首先得相信这些不属于人世的东西。这样一来，等世道艰难了，孩子就可以回去，住到想象里头。我都这一把年纪了，还觉得有必要回顾圣徒的生活，回顾过去发生的各种神迹奇事，有了这些想象，以后日子不好过，也不会钻牛角尖、困在日子里头。

当生活让你苦不堪言时，想象力将是让信任和希望得以延续的因素。女孩需要听故事，需要看书，也需要参与能培养她们想象力的游戏。听到《野兽国》（Where The Wild Things Are）中小男孩的房间变成森林的故事，或者相信父亲真的是一个"可怕的巨人"，要吃掉她，都会使她的想象力得到延伸。而一些像《约拿和鲸鱼》

（*John and the whale*）和《但以理在狮子洞》（*Daniel in the Lions' Den*）等经典故事也能激发她的想象力，让她看到超越自身之外的生活。

当女孩听到童话故事或神话传说时，她的想象力将为她提供一个锚，使她有一个支点去越过环绕日常生活的四面墙，超越特定时刻的悲剧，回归生命的真理。当她的情感受到伤害时，她可以通过从经典故事中获取精神食粮来鼓舞自己，而想象力正是这些生命真理和精神食粮扎根的沃土。在探索阶段，你教给女儿的道理，以及你与她建立的关系，都有助于促进想象力、信任和希望的发展。

她需要的养育方式

当每天看着女儿醒来时，父母的工作似乎相对简单：为她唱歌，和她相互依偎，为她读故事，教她认识这个世界。父母为她创造了成长的空间，同时又不能离她太远，以便可以随时张开怀抱；父母允许她在小道上蹒跚学步，但又要保证她时刻在视线内，能听到对她由衷的赞许和鼓励。

这听起来非常简单，对吗？但我们明白其实养育探索阶段的女孩并非易事。相信正在阅读本书的读者中，就有人的女儿正处于探索阶段，安·拉莫特（Anne Lamott）在《育儿笔记：我儿子一岁了》（*Operating Instructions：A Journal of My Son's First Year*）一书中的这段话也许能让你产生共鸣：

有几件关于我儿子萨姆的事情是我想牢牢记住的。这是关于他的幼年和青春的，因为现在的他看起来有点像个没有脐带的老男孩。第一件事发生在我和朋友佩格一起将萨姆从医院带回家的那天。对我来说，那是一次痛苦的自驾穿越旧金山的旅途。当我们的车因路上坑洼不平而颠簸时，我想："这下完了，他的脖子该断了，是我们弄断的，现在这个小婴儿已经四肢瘫痪了。"但其实我们最后还是安全地将他带回了家……

在带你的宝贝女儿从医院回家中的路上，或是在你第一次为她洗澡时，或是在你第一次看到她的大哥将她举过头顶时，你可能也会产生相似的恐惧。养育孩子是一件令人胆战心惊却又美妙无比的工作。每个阶段都会有让人惶惶不安的难题，但也会有令人啧啧称奇的美好。

第 3 章

"上房揭瓦"的女孩：冒险阶段（6~11 岁）

RAISING GIRLS

再过一个星期我就要上学了。我还从来没有这么急切地盼望过什么。冬天，我经常在树屋里一待就是好几个钟头，往学校操场张望，用杰姆给我的双倍望远镜悄悄观察那一大群孩子，偷学他们正在玩的游戏；有时候他们围成一个个圆圈玩"摸人"游戏，我就在那扭来扭去的一个个圆圈里追踪杰姆的红夹克，暗自分享他们的坏运气和小小的胜利。我渴望加入他们。

——哈珀·李（Harper Lee）

《杀死一只知更鸟》（*To Kill a Mockingbird*）

在我（梅丽莎）还是个小女孩时，我渴望成为旋转木马上的女王。在我当时所在的小学里，旋转木马是所有孩子精力和权力的焦点。每天课间休息时，孩子们都会让旋转木马转动起来，每个敢于尝试的人都会试图跳上去，然后连推带挤地努力挪步到木马的中心，但没几个人能够做到。不管是谁，但凡能跳上转动中的旋转木马，就能赢得一个非官方的尊称——"旋转木马国王／女王"。

像《杀死一只知更鸟》中的斯科特一样，我渴望加入他们。有一天，我终于下定决心，当旋转木马开始旋转时，我纵身一跃，然后拉住栏杆撑住自己，并试图将其他孩子挤下去，最终我达到希望的顶峰——占据中心位置。我坐在那儿享受了片刻的荣耀，看着那些失望的脸庞在我身边旋转。然而，转着转着，悲剧发生了：我的裙子不知何故被卷入旋转的齿轮中，绞进去的裙子不动了，我却持续旋转。这意味着我的裙子开始缠绕着我……越缠越紧，越绕越实。旋转木马花了好一会儿才停下来，我的"统治"却很快就结束了，外祖母和姨妈为我做的午餐在肚子里翻江倒海，然后被我一股脑地全都喷到我美丽的裙子上了。我的裙子不得不被剪掉，我也被护送着离开了我短暂坐过的"王位"。

看到这里，可能有人替我的羞耻经历而感到害臊和同情。不过，我对那一天的记忆并没有羞耻的感觉。与其说这是个尴尬和出糗的经历，不如说是一次冒险。

愿意去追求"王位"，并且对于结果缺乏自我意识的我，其实代表了处于冒险阶段（6～11岁）的女孩。这个阶段的女孩比较自由，受的限制也比较少。她们并没有那么多会困扰整个青春期的自我意识，而且她们从伤害中恢复的速度也比自恋阶段（12～15岁）的女孩要快得多。比如，你的女儿从学校回到家，向你抱怨说最好的朋友在课间休息时和别人一起玩，你坐下来听她倾诉，看她豆大的泪珠滴落在餐桌上。然而，正当你准备给这个朋友的母亲打电话，聊聊她的女儿对你的女儿造成了多大伤害时，她却走到家门口，要去和邻居家的小伙伴玩踢罐游戏了。

女孩身上的冒险精神具有相对性。在成长过程中，梅丽莎的冒险偏向狂野奔放的一面，而赛西则偏向温和安静的一面。梅丽莎追在男孩后面跑，摘邻居的花，从窗户爬进爬出。她总是将邻居家的小伙伴召集起来，然后告诉他们下一次冒险是什么。若将梅丽莎在冒险阶段的生活拍成电影，则必将是一部伟大的成长电影。

这一阶段的赛西则是一个安静得多的孩子。她更喜欢温和的"冒险"。她参加体操课和舞蹈课，喜欢和她最要好的异性朋友瑞安·布莱尔一起骑自行车。对于旋转木马，她只会远远地看着，也不会从窗户爬进爬出，因为她更在意自己的人身安全。阅读和学习是她拓展自己视野的方式。她所喜欢的游戏和运动都比较舒缓，她也不爱出风头。

通过上述的例子，重要的是我们要认识到一点：每个冒险阶段的女孩都是不同的，虽然她们都有冒险精神，但这种冒险精神是以不同的方式展现的。有些女孩更安静，但是仍具有属于这个阶段的自由。

她的阶段特征：
能记住细节、活泼好动、开始"臭美"

身体发展帮助处于冒险阶段的女孩学习踢足球、翻跟斗和骑自行车，这激发了她们的冒险精神。在这个阶段，女孩身体的内部和外在都经历着缓慢而持续的成长。她那软糯糯、胖乎乎、讨人喜爱的幼儿体态正在逐渐地、缓慢地向着青春期早期那稍显尴尬的状态发育，这也将影响到她的动作发展、记忆、情绪和女性气质。

动作发展

在6~11岁，女孩平均每年长高2~3英寸①。就身高增长而言，这个速度并不算快，却是意义非凡的。令人开心的是，她们的肌肉也正随着身高的增长而增多，肌肉发育使她们能够掌握更多的大运动技能（gross motor skills），这是她们在探索阶段所缺乏的。

对于一个4岁的女孩来说，打网球是一项困难的任务。虽然她能够捡起并滚动球，也能够将球扔给父亲，但她可能缺乏手眼协调能力来使用球拍击球，力量也不足。但是8岁的女孩就能够做到这些。

这个阶段是女孩练习体操，以及接受网球、足球、篮球等训练的好时机。在这个阶段，她们的自行车已经卸下了辅助轮，她们的父亲会"鞍前马后"地跟在女儿的自行车旁。女孩不仅有能力参与，也需要参与这些活动，以此发展自己的大运动技能。这将有助于提升她们在各种活动中的能力，以及树立自信心。

记忆

与九岁孩子的对话往往称不上"对话"，更像一场独白。以下是一位母亲在开车回家路上和九岁女儿交流的典型情景：

---

① 1英寸≈2.54厘米。——译者注

女儿：嗨，妈妈。

母亲：嗨，宝贝，今天在学校怎么样？

女儿：嗯，约翰尼又没有完成作业，老师当着我们所有人的面告诉他，如果明天他不把作业带来，就得抽一张牌。你知道抽牌意味着什么吗？意味着第二天，他不能在休息时间出去玩了。我很高兴我从来没有抽过牌。如果我这样做了，你和爸爸会生气吗？不过，女孩才不会像男孩那样整天抽牌。但是你知道吗，凯特琳上周也抽了一张牌，因为她和切尔西一直聊个不停，她们在聊星期五晚上参加的生日聚会。她们有时会因为不停说话而摊上事儿。我很开心我不常惹麻烦。对了，你生气是不是因为我昨天忘记清理布朗尼巧克力蛋糕？我不是故意的，我保证今天会帮你清理厨房。

类似这样的独白与女孩在冒险阶段的大脑发育有关。总体而言，女孩的大脑在这个阶段已基本发育成型了，但她们的大脑与男孩的大脑看起来非常不同。最主要的差异是大脑中控制着记忆的能力和功能运转的海马体——女孩的海马体比男孩的要大得多。因为有着较大的海马体，所以女孩有能力且经常能够记住她们一天中的每个细节。哪怕是那些你希望她忘记的事情，她也往往都能记住，或者至少记住简短的一小部分。

情绪和边缘系统 ①

幼儿阶段的孩子会经常发脾气。当一个 3 岁的女孩无法将她想要的玩具从哥哥手中夺过来时，她就会大发脾气。从某些方面来说，这是她无法控制的。因为幼儿的大脑尚未发展出调节、控制自己情绪的能力。

到了 8 岁后，她的情况就不一样了。这并不是说八岁的孩子不会发脾气，她当然会，但是 8 岁的女孩是有能力更好地控制自己的情绪的。她大脑中的边缘系统比在探索阶段时要发达得多。因为大脑中的这一部分主要负责调节感官信息和情绪，所以她能接收更多的信息并将其分类。

女性气质

《都是戴茜惹的祸》（ *Because of Winn-Dixie* ）、《我的女孩》（ *My Girl* ）、《玛德琳》（ *Madeleine* ）、《杀死一只知更鸟》《草原上的小木屋》（ *Little House on the Prairie* ），所有这些书籍和电影都主要呈现了冒险阶段的女孩，她们都极富冒险精神。虽然她们也会在室内玩娃娃，但不仅限于此，她们骑自行车、爬树，去寻找像《杀死一只知更鸟》里的雷德利那样的神秘人物，并且尽全力去"救援"她们的朋友（通常是小狗）。

在冒险阶段，激素开始在女孩大脑中起作用。如今，有些年仅 8 岁的女孩就迎来了初潮，虽然这并不是正常现象，但那些较早来

---

① 边缘系统（limbic system），即大脑的情绪控制系统，包含海马体和杏仁核等，是负责情绪、行为及长期记忆的大脑结构。——译者注

月经的女孩将更快进入下一个发展阶段。

在 6 ~ 11 岁时，男孩开始变得更加男性化，女孩则通常要到下一个阶段才会开始发展传统意义上的女性气质。对于当前阶段的她们来说，在小河里玩耍和在室内玩娃娃一样令人开心，她们动静皆宜。如果一个女孩会成为假小子，那么在她这几年里就已经初具雏形了。她会戴着可爱的蝴蝶结，却像个野小子那样在河里抓鱼。

> 梅丽莎的母亲玛格丽特向我们讲述了她在冒险阶段时的姐妹团体的故事，她们自称"非法入侵破坏者"。这个团体有五个女孩，其中有自己的姐妹和邻家女孩。当年的她们喜欢一起在火车栈桥上玩耍。她们会等到火车鸣笛、响喇叭，再快速地从栈桥上跑下来。她们也会钻进房子下面的地窖，在那里喊出她们听过的骂人的词，因为这些词在家里是不允许说的。

虽然现在的玛格丽特是我们认识的最富女人味的人之一，但她仍保有了一些在 6 ~ 11 岁时拥有的冒险精神。这也是我们对所有处于冒险阶段的女孩的希冀。我们希望当她们不再爬树，变得女性化以吸引男孩时，也不会完全抛开这些野性和快乐。

她的个性标签：强烈好奇心的求知者

冒险阶段的女孩在情感上是无拘无束的。她们可以自由自在地走动、玩耍、参与、尝试和冒险，而不怎么担心别人怎么想。这个阶段对于克服恐惧、建立自信、发展友谊和发现个性来说是十分重要的。处于冒险阶段的女孩在许多方面都能凭借勇气和创造力来发掘自己的独特之处。

在第 2 章，我们探讨了探索阶段的女孩在"抱我起来"和"看我的"等命令式语言中的情感发展。本章我们将从下面这些问句来谈论她们的发展：

☆ 妈妈，你能把灯开着吗？

☆ 我非练习不可吗？

☆ 我可以请朋友来玩吗？

☆ 我该怎么做才能讨他们喜欢？

6 ～ 11 岁的女孩都是有着强烈好奇心的求知者，她们对各种信息都有浓厚的兴趣。此时的她们对于命令和规定的要求远低于对于问题的要求。因此，我们从一个家家户户走廊里都会回响着的问题入手。

"妈妈，你能把灯开着吗"：克服恐惧

毫无疑问，6 ～ 11 岁的孩子具有冒险精神，但她们的冒险往往在晚上就结束了。当灯光熄灭时，她们的恐惧就会浮现出来。恐惧可能是源自幻想，比如床底下的怪物或是衣橱里的女巫；也可能是与现实有关的恐惧，比如考试失利或者亲人离世。这些恐惧常常使她们无法入睡，甚至会让这个年龄段的许多孩子无法在家以外的地方过夜。

为什么这个年龄段的女孩容易在恐惧中挣扎？这其实不难理解。在冒险阶段，年龄较小的女孩的想象力还很旺盛，所以她们真的相信会有怪物和女巫存在；而年长些的女孩在白天时可能信心十足地认为这些东西不存在，而一旦黑夜来临，她们就会开始半信半

疑。另一方面，这个年龄段的女孩已经开始见识到生活现实的那一面。她们知道罹患癌症的叔叔可能不久于人世；她们听说了邻居被抢劫的案件；她们在无意中听到了关于孩子被绑架的新闻报道。

这个年龄段的女孩会从字面意义来进行思考，这是她们掌控、应对自己恐惧的方式，但这也可能对她们不利。她们对生活中成年人的信任以及对客观世界和真理日益增长的认知，都将是改变这点的关键。

系列动画片《蔬菜宝宝》（*Veggie Tales*）就体现了这一想法，片中还有一首令人难忘的歌曲，有几句歌词是这样的："当你躺在床上，感觉有点困，但你睡不着……衣橱里有眼珠子吗？走廊里有哥斯拉吗？墙上映出的影子又大又毛茸茸，你的心脏怦怦跳，吓出一身汗，还有一百个小怪物跳进你的睡衣里……什么都不用做……有人比鬼怪更强大……笑着说'走开吧，怪兽'，然后回到我的梦里……"在明日之星的夏令营中，二至四年级的孩子们不停地哼唱这首歌，这让我们非常高兴。我们相信他们非常需要听到这个信息，这也可能是他们对这首歌产生浓厚兴趣的原因。处于冒险阶段的女孩需要知道她们是安全的，需要知道有比她们更强大的人在爱着她们并保护着她们。

父母该如何让她们明白这个重要的真理呢？不仅是在口头上教导，父母更需要言传身教，因为容易恐惧的父母往往会培养出容易恐惧的孩子。即便没有来自父母的影响，恐惧也会使得这个年龄段的女孩变得脆弱，但毋庸置疑的是，"有人比鬼怪更强大"。

"我非练习不可吗"：建立自信

6～11岁是女孩学习音乐、歌唱、绘画、舞蹈等技能和发展语言的时候，她们还会参与其他活动，如练习足球、体操、篮球和参加啦啦队。

这个年龄段可以被称为冒险阶段或是"字面理解时期"，也可以被认为是"忙碌之年"。对于这个年龄段的女孩来说，在足球和篮球训练、钢琴课和马术课之间抽空来安排咨询活动可不是一件易事。不过，这些活动都是冒险阶段的女孩发展个性的重要途径。

正是在这个阶段，女孩开始在某些特定领域崭露头角。在心理学家埃里克·埃里克森的心理社会发展阶段理论中，这几年被描述为"勤奋与自卑的冲突"（industry vs. inferiority）。勤奋与女孩在冒险阶段从不同活动中发展出的能力有关。这个年龄段的女孩会学习各种各样的技能，但往往需要父母鼓励她们参与到这些技能的学习中。

勤奋能培养女孩什么品质呢？为什么要鼓励她们去尝试不同的活动呢？要知道，逼迫或赶鸭子上架绝对是在养育 6～11 岁的孩子时最让人感到不悦的方面之一，但这很重要，因为参与这些活动能帮助她们建立自信，教会她们如何应对失败和成功，并向她们介绍与他人合作的概念。

如何帮助女孩建立自信呢？当女孩发现自己有能力学习芭蕾舞中的姿势、绘制一幅真正意义上的画作、在足球场上盘带球，或是与其他女孩合作投篮命中等时，都能建立自信。因此，父母自然也想给女儿提供机会，让她感到自己有本领和能力，而将这种能力集中于某一领域会更有帮助。

心理学家、作家玛丽·皮弗（Mary Pipher）曾提到，女孩需要有一颗"北极星"，即她们所热爱和依恋的活动，来指引她们度过在冒险阶段所经历的种种坎坷。这项活动将成为她的一部分、她的长处，即一项她经常做且让她被他人所熟知的活动。对有的女孩来说，她们的"北极星"是舞蹈，对有的女孩来说，则可能是骑马、阅读或音乐。其实这个活动是什么并不重要，她只需要有一个就好。随着年龄的增长，这个活动还可能会发生改变。当她在体育课上感觉自己笨手笨脚时，只要她期待周末将进行的骑马活动，就能缓解她的尴尬。

无论是在活动中还是在关系上，女孩都需要在某些方面有成就感。有些女孩可能在体育或艺术方面没有天赋，但她们擅长与年幼的孩子打交道，她们能成功地参与关于弱势儿童的志愿活动。

然而，如果父母在这个阶段将女孩过度地推向单一一种活动可能是有害的。因为如果她只参与一项活动，这个活动就将成为她给自己的唯一定位。例如，她在上一场足球比赛中的表现可能会决定她在接下来整个星期的自我感觉。她需要其他活动，也就是她需要通过其他的渠道来感受成功。

正如我们所知，成功的对立面就是失败，但孩子们不知道这一点，他们需要学习。学习失败的过程是痛苦的，对父母和孩子来说都是如此。

我们在咨询中经常讨论美国文化是如何只教导孩子成功，却不教导他们失败的。最近，13岁的女孩卡罗琳因进食障碍而找我（赛西）咨询。她通常每天只吃一顿饭，而且只吃苹果和麦片。这个女孩有着根深蒂固的完美主义倾向。她很聪明、坚强，有能力和勇气，却停止进食。即使她在生活的其他领域取得再多的成就，也无法使她恢复正常进食。

我邀请她的单身母亲也来参与咨询，并与她谈话。我和许多有进食障碍的女孩的父母都说过类似下面的话：

"我担心卡罗琳太成功也太在乎成功了，她期待自己做的每件事都尽善尽美。虽然她在大多数情况下都能做到这点，但是她也会有失败的时候。而且，当她没有达到自己或他人的期望时，她会不知所措。我希望她能够做到一件事，那就是接受自己的失败。这是一个你可以真正帮助女儿的地方。我想你可以和她谈谈你自己的失败。比如，吃饭时提起自己在工作中犯了一个愚蠢的错误，或是谈一下你伤害过一个朋友的感情。"

当我对这位心乱如麻的母亲说完这些话时，她的眼睛瞪得铜铃一般大。她说："我不太明白你的意思。卡罗琳做得很好，我不知道有什么地方需要我帮她。"

这位母亲不愿意承认自己的失败，也无法为女儿做示范。

而我们往往是通过将自己的行为作为示范来教孩子如何成功而不是失败的。除非能得到不同的教导，否则女孩会认为人们之所以接纳她们都是基于她们的表现。一旦她们接受自己的失败，并且在失败时仍然感到自己被爱着，她们对自己的接纳就会是基于更深层次的东西。失败其实是一种能发现更多福分的方式，对于孩子和成年人来说都是如此。

你该如何帮助孩子经历失败呢？如前所述，你可以谈谈自己的失败。同时，你也需要营造一种允许犯错的家庭氛围，不论那个错误是打翻牛奶还是忘了自己应该做的家务。最后，不要将失败当作一个禁忌话题。比如，不要忽视篮球赛中的失误，而应该直接谈论失败，即询问她当时可以做什么不同的行为来改变。然后，让这件事翻篇，继续前进。不论是失败还是成功，事后都带她去吃冰激凌或其他她喜欢吃的东西，帮她卸下负担。即使她犯了错误，也要帮她看到自己身上令人欣慰的闪光点。

体验失败和成功是冒险阶段的女孩参与各种活动所收获的重要益处之一。其中，给她们带来最大的益处是什么呢？换句话说，她们在哪方面能最大限度地建立自信呢？对，就是关系。

"我可以请朋友来玩吗"：发展友谊

6～11岁是生日聚会和到朋友家过夜的时期。女孩不仅在探索她们想成为什么样的人，也在摸索自己想结交什么样的朋友。

在这个阶段的早期，生日聚会往往都是全班同学集体参与的。然而，随着女孩年龄的增长，她们开始尝试形成或融入不同的群体。不同于中学阶段会出现的排他性小团体，这些群体是女孩们在试着和不同的朋友交往，看看在不同的场合可能和谁建立关系。

虽然在这些关系中，父母会发现自己的女儿可能被排除在某个关系外（我们在第4章会深入讨论这一问题），但事实是，女孩往往也可能是无情的。当她们快上中学时，这种无情会接近顶峰。不论父母做了什么预防，也不管有多担忧，在女孩进入前青春期和青春期时，她们都会在某些时刻产生被抛弃或孤立的感受。遗憾的是，有些女孩更容易被孤立，但我们对此往往无法解释。

贝齐是一个很有吸引力、很热情，而且非常善良的女孩，但她对自己的学业感到越来越焦虑，于是母亲带她来找我们咨询。

在一次咨询中，我（赛西）让贝齐在两张纸上画画：在第一张纸上画出在学校里的其他孩子所了解的关于她的事情；在第二张纸上画出那些同学不知道的关于她的事情。

她是这样描述的："嗯，首先，他们不知道我大部分时间都在担忧。他们以为我只是害羞，其实我是在担心很多事情。这就是为什么我不怎么说话。他们也不知道我喜欢寻找水晶洞。水晶洞是那种非常酷的岩石，里面有晶体。让我想想……哦对，他们不知道我喜欢看《草原上的小木屋》。我现在想不到其他事了。这些够吗？"然后她沉默了，安静地又画了几分钟，然后说："我还想到了一件事——他们不知道我需要一个真正的好朋友。"

哪个父母听了这些话不会瞬间因感到心疼而流泪呢？我也确实这样了。贝齐觉得自己在学校里一个朋友也没有。她说同学们不理睬她，或是用"非常奇怪的眼神"来看她。这是没有道理的。

当你的女儿有着类似贝齐的倾诉时，你该如何帮助她？你明白这可能会发生，并且无法阻止，但你能如何应对呢？我们将在第9章中回答这些问题以及更多相关问题，在本章中，我们则会更仔细地剖析女孩的关系世界。

此外，我们想强调的一点是，这个年龄段的女孩在感情受伤害时往往不会说出口，她们可能会感到尴尬或害怕，甚至可能不清楚到底发生了什么。不过，处于冒险阶段的女孩常常会有一些身体上的症状能反映出内在的问题。如果你的女儿在你每天接她放学时都会肚子疼，如果她在本应和某些特定朋友玩耍时开始头痛，或是她不再吃你给她准备的午餐，你就应该能察觉一些异样，并问问她怎么了。

你可能还会发现，虽然她在白天一切正常，看起来还不错，但是到了晚上她却不再愿意自己睡觉了，这也可能是身体上的症状之一。你不妨深度挖掘这些征兆，哪怕她可能难以找到确切的词语来描述所发生的事情，你也需要与她谈谈，用语言将她的内心想法引导出来。

入睡前是谈论那些困难事情的好时机。因为那时女孩通常会十分疲惫，并且她们在夜晚往往更脆弱，所以此时很容易问及并谈论她在学校的情况。

当女孩进入学校，她的生活就发生了巨大的变化，她被放进了一个全新的世界。她需要讨老师喜欢，要躲开男孩的追逐，还要和女孩建立友谊。在现实中，这些会给6～11岁的女孩带来非常大的压力。因此，她需要父母成为一个强大、安全的避风港，这样在她陷入困境时，她就可以求助于父母。她需要父母的关心询问和倾听，也需要父母拥抱她、因她而开心，还要帮助她明白，哪怕她的同龄人不了解她，父母也了解真正的她是谁。父母了解她喜欢水晶洞和《草原上的小木屋》。最重要的是，父母知道她是一个令人愉快的、独特的、非凡的人，而学校里的任何女孩能有她这样的朋友将会是幸运的。

"我该怎么做才能讨他们喜欢"：发现个性

进入小学后，女孩所面临的社交压力会成倍增加。随着年纪渐长，她们会越发希望被别人喜欢，且更渴望与人建立联系。然而，由于这阶段的其他女孩往往是无情、刻薄的，因此她们的需求很可能得不到满足，并且可能会成为一个问题。

每个人在生命中的不同时间点，都会选择某种特殊的关系策略。在6～11岁这个阶段就是这些策略发展的起始点。这些策略指的是与人发展关系的风格，即在我们看来，什么样的人会讨人喜欢。

　　例如，一个一年级的小女孩强烈地想要得到老师的青睐，于是她端端正正地坐在课桌前，确保自己会拼写老师所教的每个单词，并将在家里学到的礼仪运用得很好。很快，这个小女孩成了老师的宠儿，虽然老师没有正式宣布，但她还是获得了一些额外的特权，并且赢得了老师更多的微笑和关注。不过，这只是加深了她的执念："只要我够好，我就会被人喜欢。"这个策略往往会一直持续到成年，她将会成为一个完美主义者，驱使着她在周围的人面前表现自己、取悦他人。

　　再举另一个一年级女孩的例子，她拼命想得到同龄人的喜欢。她天性幽默，她讲的笑话常常能得到其他孩子的热烈响应，但当她在课堂上引起哄堂大笑时，老师却皱起了眉头。这个小女孩几乎每天都会被罚面壁思过。成年后，她在反思这段经历时说："我从没想过要取悦我的老师。我满脑子里想的都是，如何才能顺利过完一天而不用被罚，以及我该做些什么才能掩盖我其实不知道自己在做什么的事实。"她采取的策略是通过逗乐别人来掩饰她在学习上的不安全感。这个小女孩仿佛成了班上的小丑。

例子里的完美主义者和小丑都顺利熬过了小学、初中和高中时代。事实上，她们就是这本书的作者。我们很容易就能回想起自己的冒险阶段，看到自己性格形成的起始模样。我（赛西）现在仍然每天与完美主义做斗争，而她（梅丽莎）仍然在努力与避重就轻做斗争！

那么，作为父母，你该如何对待具有完美主义或避重就轻倾向的女儿呢？你肯定无法改变她的关系风格，但是你能做到的是帮她完善策略。你可以帮助像赛西这样的孩子明白，失败是没问题的，她是否被爱或者能否被他人接纳与她的表现无关。你也可以帮助像梅丽莎这样的孩子了解，就算没有超常的智力，她们也有其他闪光点。当她进入学校和一个全新的关系世界时，你的女儿会发展出一些关系策略，你可以帮助她懂得：除了这些策略，她还有更多的东西可以学习。

你的女儿有着自己天生的气质类型，并将成长为一个独一无二的女人。不论是通过周围的社交世界，还是通过她经历的成功和失败，甚至是恐惧，她都在不断地发展自己的个性。她所成长的世界正在借助这些事物来帮助她找到成为独特自己的方式，并学会如何利用这些方式让自己获得成长。

她的精神需求：开始对客观世界做出思考与回应

处于冒险阶段的女孩喜欢谈论和思考这个世界，她们有着奇奇怪怪的问题，并渴望知道答案。我们将"精神发展"定义为一个女孩意识到并对这个客观世界做出回应的发展。6～11岁的孩子有丰富的机会和手段来展现这样的意识并进行回应。

我们问过处于冒险阶段的女孩有什么想问的问题，以下是她们好奇的问题：

- 会有人因为很爱我而愿意献出生命吗？
- 天堂是什么样子的？我的小狗奥蒂斯也能去吗？我可以有自己的房间吗？

- 能不能不要再有任何人受伤或生病？
- 我的父母能不能重归于好、不再吵架？
- 为什么爷爷总有一天会离开我们？
- 能不能把我脑子里的可怕的想法带走？
- 男孩们能不能更友善一些？

你从这些女孩的问题中听到了什么？宠物、死亡、天堂和带走痛苦是贯穿这些问题的主题，这些问题也非常真诚。这些女孩并不怕询问那些她们不理解的事情（"为什么爷爷总有一天会离开我们"），也不怕问一些宏大的问题（"能不能不要再有任何人受伤或生病"），或是相对微不足道的事情（"男孩们能不能更友善一些"）。这在很大程度上是因为她们在 6 ~ 11 岁期间更自由。

女孩在这个阶段的冒险精神会蔓延到她们与客观世界的关系中。正如前言中提到的，女孩的身份认知是在关系的背景下建立起来的。在 6 ~ 11 岁这个阶段，她们与世界和周围人的关系在她们的生活中愈发重要和迫切。如果想要什么，她们就会向周围寻求；如果有疑惑，她们就会发问；如果有什么事情令人痛苦，她们就希望能有人将这些带走。这些都是她们能意识到并对这个世界的回应。

意识

有时，孩子能意识到成年人，甚至是有智慧、有学问的成年人都没有意识到的事情。虽然这种意识能力可能会随着年龄的增长而失去，但在冒险阶段，女孩会以敏锐的洞察力去感知并回应这个世界和周围的人。听听这几位家有 6 ~ 11 岁女孩的父母的话吧。

我记得贝卡八九岁的时候，在一次足球训练中，有一个小女孩受了委屈，跑到了一个小角落。贝卡注意到了，她走到那个女孩身边，陪她说话、安慰她，最后让那个女孩重新加入集体训练中。她身上有着敏锐感知他人感受的能力，我们相信这来自她与生俱来的对他人的爱。

* * *

我们的女儿凯茜很贴心，而且非常有爱心、很善良，她总能为别人着想。我们有个很亲密的朋友，她的丈夫过世了，于是凯茜给那个朋友写了一张漂亮的纸条。我们甚至都不知道这件事，直到那个朋友打电话来告诉我们这张纸条对她的意义。

* * *

德鲁在上一年级的时候，有一天她和弟弟邀请一个残疾男孩到家里玩。当我儿子替他掷骰子时，德鲁就给他拿雪糕吃，还为他擦脸。

女孩的感知能力与她们在这个阶段对世界逐渐增长的认识有关，这时也是直觉发展的起始阶段。我们认为，她们有着对周围世界的意识和对自己的认知，这就是上述孩子能意识到并做出这样的事情的原因。

在冒险阶段，女孩的意识发展到了新的水平，她们能意识到周围的人受到伤害以及需要帮助；她们也学会了信任。正如我们在第2章提到的，信任会向外扩散。在冒险阶段，随着意识水平的发展，她们也发展了对这个世界和周围人的基本信任和理解。

回应

6～11岁的孩子身上最主要和最令人欣慰的特点之一就是他们的回应能力，这也是他们身上最有灵性的特征之一。

与青少年相比，儿童的回应能力令人刮目相看。我们在夏令营教女孩彼此回应，她们也自然而然地照做。

在我（赛西）的妹妹凯瑟琳六岁时，我们的父母离婚了。离婚那天，凯瑟琳最好的朋友莱拉正好来家里玩。母亲以为莱拉也许能帮助凯瑟琳忘记父母离婚这件事，但莱拉所做的恰恰相反。

当时，我正在凯瑟琳房间对面的浴室里吹头发，我以为她们俩在房间里玩耍。在她们进去几分钟后，我听到很大的声响，于是关掉电吹风，走到房门口看看发生了什么。那声音响亮到隔着门都听得清清楚楚，是莱拉在哀号："不，凯瑟琳，这不可能！这是我听到的最糟糕的事情。你的父母可不能离婚啊，我们现在该怎么办？"

莱拉基于一个孩子所具有的认知和谦逊态度做出了回应。她和凯瑟琳同声哭泣，并说出了凯瑟琳内心的感受。青少年和成年人往往会因陷在自我意识的泥沼中而失去了回应能力，或者害怕自己缺乏给出反应的"正确方式"；相反，孩子们直接回应。回应是孩子的天性。

这个年龄段的男孩则是对挑战和胆量有所回应。他们点火、爬楼，甚至把舌头贴到冰冷的旗杆上，向朋友证明他们的"男子气概"——如果你看过电影《圣诞故事》(*A Christmas Story*)，你就会明白。

然而，女孩则是对关系做出回应。关系可能是与父母的、与朋友的，或者与世界的，总而言之，她们做出以关系为基础的回应：踢足球的小女孩在看到队友受委屈时做出了回应；写纸条的女孩在知道她母亲的朋友很伤心时做出了回应；那个给残疾男孩拿雪糕吃的女孩知道他需要帮助。

这并不神秘，这些女孩感受到天性的召唤，然后她们出于在冒险阶段中自然涌现的意识而做出回应。听起来就是这么简单、直率！

简单直率

像孩子一样说话、思考和推理，是什么意思？如同前文所述，孩子对世界有意识、给周围的人以回应，我们相信这是天性使然，但同时他们也很简单、直率。他们学习并这样简单地回应。

我们的朋友拉斯负责教授四年级的理论课程，他在几年前为一群高中生上了同样的课。我们去观摩时发现，对于那些被四年级学生不假思索照单全收的理论，这些高中生在拉斯充满智慧的指导之下剖析得十分透彻。诚然，青少年能够自己分析并发现真理自然让人欣慰，但是那些年幼的孩子对简单真理的照单全收也是冒险阶段的一大幸事。

6~11岁的女孩的思维是简单直白又具体实在的。这种思维非黑即白，她们以"对或错""好或坏"为标准来思考事物的表象。对她们而言，事物的真相就如同所呈现的外在表现那样，没有潜在的动机或隐秘的目的。她们相信你告诉她们的事情，也渴望被告知。在教育这个年龄段的女孩时，你的思维方式需要保持和她们一致。

几年前的夏天，我（梅丽莎）要为湖边的营地添置新马桶，为所有来到营地的男孩服务。通常一期夏令营有18个男孩，你可以想象，在这种压力下，普通的马桶并不那么耐用。因此，我买了一种被称为"强劲冲刷"的电动抽水马桶，这种马桶在使用时会发出像飞机的涡轮发动机一般的声响。在二至四年级的夏令营期间，新的电动抽水马桶安装完毕后，孩子们都非常高兴。最初几天里，每天使用洗手间的孩子比我记忆里平日使用马桶的人要多一倍。

他们感到新的电动抽水马桶十分有趣，我便把这看作一个教学机会。在夏令营，我们总是试图把孩子们所想的和感兴趣的普通事情都作为教学机会。多年来，我已经讲授了从岩石到煎饼，再到如何养宠物狗等各种知识。在这期夏令营中，我们将讨论话题变成了"强劲冲刷"。

我让孩子们描述强劲冲刷过程中他们观察到的现象，他们描述的详细程度远远超出我的预期。在几个孩子给出描述后，我问道："有没有人觉得自己在生活中需要一次强劲冲刷？"我谈到，我们的内心难免时不时会产生一些令人讨厌的情绪，如嫉妒、愤怒、刻薄等。在这个时候，我们就需要一次强劲冲刷，而心中的爱就是冲刷的力量。说完这些，当我再次提问"有谁觉得自己需要强劲冲刷"时，在场的人纷纷举手。这些二至四年级的孩子明白了这个道理，而"强劲冲刷"成为我们那周余下时间的主题词，他们会一次又一次地回到这个概念。例如，当一个女孩因为鱼竿被另一个男孩拿走而朝他大喊大叫后，她会说"我需要一次强劲冲刷"；在领取晚餐时试图插队后，一个小男孩会说"我需要一次强劲冲刷"。从许多方面来说，这是我和二至四年级的孩子关于"犯错"的问题进行得最为真诚的谈话。

孩子们很快就明白了他们需要从自己所犯的错误中得到洗礼。他们对此有意识、有回应，并且电动抽水马桶的简单原理轻而易举地吸引了他们的注意力。

养育女孩的使命呼吁我们像孩子那样思考，我们可以从处于冒险阶段的女孩身上看到如何这样做：她们简单直率；她们狂野、自由、可爱、随性；她们对他人有着谦卑的认识；她们渴望、寻求、憧憬着真理；而当她们发现真理时就会做出回应。

作为成年人，我们的工作就是为这些女孩提供回应的机会。学校、假期课程、家庭时光、不同年龄段的夏令营——这些都是女孩们可以凭借简单的方式寻求并发现真理的地方。

作为父母，你可能听过这样的说法：如果你的女儿可以在成长旅途中在某个地方稍做停留，你就会希望她停留在冒险阶段。当然，她的每个年龄段都令人喜欢，也没有人希望自己的女儿发展陷入停滞，但你确实会希望多享受她 6~11 岁这个阶段。你也想帮助她通过意识、简单直率和回应能力来学习了解自己。

她需要的养育方式

我（梅丽莎）在 10 岁生日时，非常想要一个有着蓝眼睛、卷头发的娃娃和一把银光锃亮的玩具手枪。我的父母将这两样礼物都给了我。我记得当我两只手各拿着一个礼物站在生日蛋糕前拍照留念时心里很难过，因为我莫名地感觉这可能是我最后一年收到娃娃或玩具枪这样的礼物了。

6～11 岁的女孩认为她们既是潇洒的牛仔，也是照护子女的母亲。这就是冒险阶段——进入学校后，她们需要冒险来更多地了解自己是谁，并在认识他人中了解自己想成长为谁。这个阶段对于女孩及其父母来说，都是温柔似水、充满希望和妙趣横生的。

在她们上初中后，她们就不再和玩具枪、娃娃为伍了。在自恋阶段，玩具枪会替换为无礼的顶嘴，娃娃会替换为总是不离身的手机。

作为父母，你在这几年的冒险中有着独特的地位和机会，即你的女儿提出问题并向你寻求答案。一旦她进入人生的下一阶段，成为青少年，她就会经常受到外界影响，向同龄人或其他成年人寻求问题的答案。但现在，你就如同她的班主任一般，她仰望你、尊敬你，并且希望取悦你，这就是你在这几年里的独特机会。

然而，在这个阶段，冒险精神可能会将她带进坑里：撒谎（“我已经做完作业了”）、偷窃（如从便利店偷一包口香糖）和哭哭啼啼地抱怨（情感操纵的最初形式），这些都是家有冒险阶段的女孩的父母最常遇见的几个问题。

　　但别忘了，此时，女孩有着具体实在的思维。作为她在家中的班主任，你有机会回应她的行为，请她说出行为背后的具体想法。许多与撒谎做斗争的青少年说，他们在 6 ~ 11 岁时撒谎却没有得到回应和惩罚，于是就在这个年龄段形成恶习了。作为父母，你需要对撒谎和偷窃有一以贯之的处理方式，让她知道后果，然后帮助她使用除了哭闹、抱怨之外的方式来重新解释自己想要什么——所有这些都有助于防范在冒险阶段可能出现的典型问题。

　　此外，你还有一项将令你引以为傲的工作，那就是传授她一些人生道理，促进她在生活和人际关系方面的成长：她会从你的身上学会礼仪和举止得体，这终将帮助她关爱和鼓励他人；她会学习责任，而这将有助于她学会体贴他人，不占他人的便宜。这个年龄段也是大多数父母选择与女儿谈论性的时候，让她了解生命的奇迹。

　　在 6 ~ 11 岁的这个阶段，你的女儿就是成长故事电影的主角，她在外面骑自行车轧过水坑，和伙伴们四处探险，但只要你打开家门喊她回家，她就知道自己归属何方。

　　虽然处于冒险阶段的女孩的生活中还有其他的声音，但此时父母的声音是最响亮的。父母还肩负着利用自己强大的影响唤醒女孩关于她自己、关于生活和关于世界的真理，从而帮助她一步步成为其独特自我的重任。

第4章

刻薄、叛逆的女孩：自恋阶段（12~15岁）

RAISING GIRLS

> 14岁的雪莉兰很漂亮，但12岁的我一点儿也不美，虽然雪莉兰说我现在处于笨手笨脚的阶段，但是我会变得好看。拭目以待吧。
>
> ——伊丽莎白·伯格（Elizabeth Berg）
>
> 《耐用品》（*Durable Goods*）

这个场景也许曾在你家中发生过：

两个女孩坐在床上，举着一面镜子。稍大些的雪莉兰正试图帮助稍小一点的凯蒂"看起来更好看"，然后为她装扮、做发型，再告诉她什么衣服该穿、什么衣服不该穿。

雪莉兰是出于她所认为的善意来帮助凯蒂的。在她自恋的世界里，善良就是告诉一个朋友她很笨拙，但是会好起来的。凯蒂觉得感激，但这种感激又使她觉得羞耻。因为她不知道怎样才显得"酷"，也不知道如何"正确"地装扮——她不喜欢自己的模样，雪莉兰却知道该如何做到这些，她会提供帮助，哪怕凯蒂有时会因为雪莉兰的话而感到些许受伤。

一位母亲曾告诉我们，她喜欢开车将她的女儿和朋友从学校接回家，而且她颇有心机地将汽车音响音量调大，这样女孩们为了听到彼此说话就不得不提高声音，她也可以轻松偷听女孩们的对话了。她说，她们的谈话经常以"我不想说这么难听，但是……"开头。接下来说的话与雪莉兰所说的相似，都是出于说话人自恋的善意而说的，即只专注他人的看法，而没有意识到对方的感受。

最近，我们问了一群 12 ~ 15 岁的女孩她们最担心什么事，以下是她们的回答：

- ☆ 女孩们议论我；
- ☆ 其他人对我正在做的事情的看法；
- ☆ 我的朋友是否会在别人面前承认她是我的朋友；
- ☆ 我和朋友会不会因为吵架而讨厌彼此，成为敌人；
- ☆ 蜘蛛；
- ☆ 成绩；
- ☆ 男孩们；
- ☆ 朋友的状况（谁为人刻薄）；
- ☆ 流言蜚语；
- ☆ 无法在学校和日常生活中都取得成功；
- ☆ 无法在每件事上都做得好；

- ☆　无法让我在别人看来很重要，值得花时间相处；
- ☆　与兄弟姐妹打架；
- ☆　孤独；
- ☆　生活一团糟而不自知；
- ☆　人们认为我很奇怪；
- ☆　没有做出正确的选择；
- ☆　体重增加；
- ☆　人们是否会从外表来判断我；
- ☆　我不知道如何摆脱糟糕的处境；
- ☆　惹上麻烦。

这些女孩给出的回答几乎都与两件事有关：关于其他人对我的看法，以及我对自己的看法。请注意，这两个句子里都以"我"为重点。

处于自恋阶段的女孩对自己要求颇为苛刻，马克·吐温曾说，孩子应该在12岁时被结结实实地锁进泡菜桶里，然后从一个小孔里喂食，直到20岁再放出来。他一定是养育过一个处于自恋阶段的女孩，或者至少了解女孩在12~15岁最显著的表现。

在到了快上中学的年纪时，女孩将经历一个重大转变。虽然她的外表并不会像前两个阶段那样发生巨大的变化，但是她的行为却有所改变：放学回家后，她会径直进入自己的房间；她最喜爱的两样东西由冒险阶段的娃娃和玩具枪变成了手机和互联网；朋友变得非常重要；对了，还有她的头发也很重要，她会花费大把的时间在浴室里梳妆打扮。

我们曾在第2章中指出女孩生活中出现的大部分问题的"始作

俑者", 你还记得吗? 那就是成长。这些改变与你女儿所经历的成长息息相关。不论你相信与否, 这些变化是由精神上、情感上, 甚至身体上的发展带来的。在父母看来, 女孩不断地成长, 虽然其发展方向有时会令人头疼, 但这些变化都是必要的。她正在成为她自己; 她正在形成自己的观点和品位, 或者至少是与你的观点或品位有所不同。在找寻自己的声音的过程中, 女孩往往会先接收来自同龄人的声音, 但最终她会形成自己的看法, 在这段自恋的岁月里朝着自我的方向发展。

这是女孩在 12 ~ 15 岁的一个明显特征, 但也有一些不那么明显的改变。对于那些明显的变化, 父母会感到棘手甚至痛苦。在女孩的自恋阶段, 父母经常会感觉自己被拒绝。本书的后半部分将会更多地讨论女孩和父母之间的关系。

除了明显的变化, 还有一些正在发生的、富有希望的改变也露出了苗头。伴随着她们的成长发育以及激素所发挥的威力, 女孩的大脑发生了重大的变化。当激素影响青春期的女孩时, 她的情绪会变化莫测, 像流沙一般随时可能改变方向。然而, 值得庆幸的是, 她的精神也经历着重大的发展, 使她更加振作, 能在更深的层次上寻求真理和认识世界。这些足以让她在经历自恋阶段的明显的痛苦变化时不至于丧失希望。

她的阶段特征: 自恋、喜怒无常

心理学家迈克尔·古里安 (Michael Gurian) 将这个年龄段描述为 "女孩将经历的最可怕的人生阶段", 这是有一定道理的。作为父母, 你会看到她的自恋、她的喜怒无常, 也会从她口中听到她对

于朋友和 / 或男孩的不安全感。在自恋阶段，女孩的行为和情绪的动荡都有一个借口，那就是生理因素。好吧，也许不是借口，因为这些可能延续到青春期的行为和态度并不是毫无应对办法，但是生理因素的确造成了这些变幻莫测的行为和情绪。

自信心的小挫折

女孩的大脑中正在发生一场革命。虽然她们的大脑在冒险阶段的发育速度减缓，但是到了 12 ~ 15 岁，她们的大脑中各部分的连接增速与婴儿期一样快。

从科学的角度来看，大脑中正在发生如下活动：前额叶皮质如同女孩大脑中的公司总裁，负责管理她的情绪，调节她的记忆，并帮助她掌握组织和计划的技能。直到最近，人们还是认为幼儿的大脑到五六岁时就已经发育成熟。从结构上看的确如此，但是细胞之间的连接（突触）在青春期前后又会再次进入快速增长期。

因此，从实际的角度来看，正在发生的事情其实是这样的：一个 12 ~ 15 岁女孩的大脑处于超负荷状态中，使自己不堪重负。这会导致几个结果，其中一个被我们称为"自信心的小挫折"。

在某一天，当你从学校接女儿回家时，发觉她看上去很伤心，却没有任何明显的原因。她也可能在某一天（或好几天）的早上醒来时，自我感觉很糟糕。这些都是自信心的小挫折。

这是因为大脑的变化如此迅速，如同功能异常一样，造成的结果就是，女孩会在什么事都没有发生的情况下，对自己产生不好的感觉。

此外，还有一些青春期的女孩会与抑郁症抗争，我们就遇见过许多这样的女孩。事实上，青春期女孩的抑郁症往往难以诊断，原因在于青春期这一阶段本身就会出现许多与抑郁症临床症状相仿的表现。

我（赛西）最近在向一群高二和高三的学生解释"自信心的小挫折"现象时，这些女孩异口同声地发出了"噢"。难道这就是我们认识的每个女孩在初一时都那么可怕的原因吗？

大多数时候女孩都会将初一视为她们所经历的最难的年级，而自信心的小挫折只是其中的原因之一。

"短视"

在 12 ~ 15 岁，女孩不仅经历着大脑连接的迅速增长，激素也开始发挥核心作用。这增加了女孩不知所措的感觉，并且明显限制了其感知能力。

正如前文所提到的，她在不断地思考自己——她是谁，她看起来如何以及他人会认为她是谁、看起来如何。不过，这样的自我思考有一个很明显的问题，那就是会使她陷入糟糕的"短视"，即过于专注自身。

> 我（梅丽莎）记得在初三时坐车去参加分享会。在车上，当我昏昏欲睡时，我听见身后的朋友开始议论我："梅丽莎有认真过吗，还是她总是在开玩笑？"当时我非常惊讶，因为我从未意识到她们原来是那样看我的。

青春期女孩大脑中的变化导致了这种"短视"的出现。研究表明，12 ~ 14 岁的青少年捕捉社交线索以及区分愤怒和悲伤等情绪的能力明显下降。这意味着，女孩并不是刻意忽视那些能体现父母很失望的微妙暗示。她通常不会注意到父母沉下的声音或是面部表情的变化，因为她只顾着思考自己，以至于她根本没有注意这些。

被她们奉为至关重要的社交世界给她们带来了麻烦。她们迫切地渴望得到同龄人的喜欢。一个女孩可能会试图表现得很有趣，以此获得朋友的喜爱，但由于她的"短视"，她不知道什么时候该适可而止，而其他女孩也很快会感到厌倦。另一个女孩可能会试图为朋友做一些事情，比如装饰她们的储物柜或是帮朋友写作业，她没有让自己成为不可或缺的人，而是专注于迎合自己的需求，这也会让其他女孩感到恼火。

虽然我们可能无法防止自信心的小挫折，但我们可以帮助改善自恋阶段女孩的"短视"。在我们的明日之星小组中，回应是最重要的因素之一。然而，初中一年级和二年级的小组里的女孩无法自然地彼此回应。

女孩吉尔走进小组，说道："我爸爸昨晚离开了我们。"其他女孩是如何回应的呢？她们没有什么表示，只是盯着那个女孩看。

沉默不会持续很久，我们俩中的一个人很快就会发问："大家觉得吉尔的感觉如何？如果你是吉尔，你会有什么感觉？你想对她说什么？"总的来说，我们必须教她们给出反应。

接下来发生的事情很有趣。一个 13 岁的孩子转向吉尔，对她说："很遗憾听到你爸爸离开了，你一定很生他的气。"然后这个女孩会立刻转向我们俩中带领小组的那个人，露出微笑。与高中小组的女孩不同，自恋阶段的女孩之所以会给出反应，是因为她们觉得自己应该这样做。她们的回应是为了取悦，而不是出于对朋友真正的关心。

这是会改变的，怜悯之心将会在这个阶段的女孩身上重新出现，她也将能够捕捉到社交线索并识别他人的情绪。不过，就目前而言，需要帮助"短视"的女孩不只是看到她自己，更要看到远方——即使她自己看不到，但知道有远方便足矣。

熟悉的路径

在第 3 章中，我们谈到了活动对于女孩的重要性。这些活动有助于我们理解心理学家杰拉尔德·梅（Gerald May）在他富有洞见的《成瘾与恩典》（*Addiction and Grace*）一书中谈到的一种现象——"熟悉的路径"。

每学习一项新的活动，大脑中就会建立一条新的神经通路。参与这项活动的次数越多，那条特定的神经通路就越有可能成为更熟悉的路径。这就像开车回家的路，有时哪怕你想着要开车去商店，也可能会不由自主地开到回家的那条路上，因为它对你来说更熟悉。

大脑中这些熟悉的路径往往是在自恋阶段之前或期间建立起来的。这就是为什么那些在 16 岁之前学会弹钢琴、骑自行车，或是其他一系列活动的孩子，在成年后重拾这些技能时会比那些长大后才学习这些的人更为容易。

"路径"的概念对于自恋阶段的女孩来说既是一个优势，也是一个劣势。如果父母希望女孩能够参与特定的活动，并能在这些活动中找到自信和乐趣，就应该在她的自恋阶段为她提供参与这些活动的机会。她也许会在 12～15 岁选择放弃钢琴或舞蹈课，但是她的熟悉路径已经形成，之后她可以不费吹灰之力地重拾这些技能。

然而，这些熟悉路径也可能是破坏性的。杰拉尔德·梅认为"成瘾"本质上就是一条熟悉的路径。据统计，大多数成瘾者在青春期就开始出现了成瘾行为。女孩正试图找到自己的身份，此时她受到"过一种冒险、刺激的生活"的想法的鼓动，之后她的大脑就会倾向于延续这些熟悉的路径，不论这些路径是健康的还是破坏性的。第9章中将对这些成瘾行为展开更多讨论。

激素的躁动——别名"青春期"

自恋阶段女孩的父母常会这样说："毫无疑问，她还没进入青春期呢。"说这些话时，语气中带有一丝希望、一丝犹豫，以及许多忐忑不安。其实可以理解，"青春期"对于父母来说可能是一个令人害怕的词。对于父母来说，青春期不仅会在女孩的大脑中掀起一场风暴，往往还会打破家里的平静和安宁。

在冒险阶段，激素已在女孩的大脑中产生；到了自恋阶段，激素就占据了舞台的中央。随着激素在女儿的大脑中激增，青春期就开始了。心理学家迈克尔·古里安在《女孩是天赐的》(*The Wonder of Girls*)一书中，整理了下面这份清单，列出了青春期对你女儿的生活的所有影响：

- ☆ 她的情绪；
- ☆ 她使用的词汇、她的谈话速度、她对谈话的需求；
- ☆ 她在每个月的某个时候的考试成绩如何；
- ☆ 她会吃多少东西；
- ☆ 她将如何以非语言的方式与人打交道；
- ☆ 她对自己所爱的人有什么感觉；
- ☆ 她将如何看待自己的适应性；
- ☆ 她的自尊心；
- ☆ 她的竞争力水平；

☆　她的社会抱负；

☆　她的攻击性；

☆　她的主要情绪，如喜悦、愤怒和悲伤。

基本上，除了眼睛的颜色，激素几乎影响了女孩生活中的方方面面。值得庆幸的是，当今的社会对于激素对女性的影响有了越来越多的认知并承认了其可信度。激素在自恋阶段的女孩生活中也会产生这些影响，而且这些影响往往特别真实。她的月经很可能在这些年里开始并逐渐具有规律性，在这之前，激素都会在她及其父母的生活里占据着中心位置。

随着青春期的开始，她对性也开始产生兴趣。男孩们不仅为她们提供了冒险和友谊，现在还带来了诱惑和吸引力。在聚会上，他们玩着"转瓶子"①"天堂里的5分钟"②和其他类型的接吻游戏。他们在看台下偷偷接吻；他们你来我往，不断地传递着纸条，纸条上还有问题和需要给出答案的选项框（事实上，现在传纸条更多的是在网络上进行，而不是在纸上进行）。最重要的是，这个年龄段的男孩每天都会经历 5 ~ 7 次睾酮激增，这会使每个 12 ~ 15 岁的人都感到困惑和不知所措。

在第 9 章中，我们将更深入地研究女孩生活中的性行为、滥交和网络社交关系。我们还将探究父母能做些什么来帮助女儿应对在自恋阶段将遇到的所有复杂挑战。

---

① 几个玩家围成一圈坐好，圆圈中央放置一个瓶子，其中一个玩家旋转瓶子停下时指向的另一个玩家。——译者注

② 游戏中被选中的两个人来到衣橱或其他黑暗的密闭空间内独处 5 分钟，期间可以做任何他们想做的事情。——译者注

伴随着激素水平的变化和大脑神经连接的增多，以及自信心的小挫折，如果自恋阶段的女孩的大脑没有产生混乱才是奇迹呢！事实上，混乱的不只是她们的大脑，还有她们的情感，许多自恋阶段女孩的父母都可以为此作证。

她的个性标签：既独立又依赖的矛盾者

当一个女孩刚刚步入自恋阶段时，她的个性已经基本发展完成，但是在接下来的岁月里仍会发生变化。在冒险阶段，女孩想和父母一起去看电影，但现在她则想让父母送她去一个街区以外的地方。以前接她放学时，她会一五一十地与父母分享她一天的经历，而现在她连说话都只用一个词敷衍了事。

似乎就在一夜之间，父母和她的关系就发生了改变，且同龄人对她的重要性达到了前所未有的水平。她试图模仿高年级女生，效仿那些她认为很酷的女人——似乎除父母以外的任何人都值得她模仿。

你爱的女孩到底发生了什么才会变成这样？前文已经介绍了在她的大脑中发生了许多生理变化，但是她的情感和个性发展方面也发生了不少改变，而这一切都和她的人际关系有关。

对处于自恋阶段的女孩来说，最重要的三个关系领域是：她的父母、她的同龄人和其他声音。

关于女孩生活中来自其他人的观点及其必要性，我们将在第7章中讨论。接下来，我们将只讨论前两个领域。我们要让女孩用自己的话告诉我们，在她与父母和同龄人的关系世界里到底发生了什么。

"随便……"：父母的世界

每期夏令营的第一个上午，我们都会让孩子们回答几个问题，让他们有机会了解彼此。其中一个问题是："在你的生活中，谁对你的影响最大？"在小学五六年级的夏令营中，几乎每个女孩都会说是她的妈妈。而在初中一二年级的夏令营中，几乎没有人这样说。

欢迎来到自恋阶段女孩的父母的世界，这个世界里发生了什么呢？她的回答总是两个字——"随便"。

"亲爱的，你想和爸爸一起去商店吗？"

"随便。"

"你想吃西兰花配鸡肉吗？"

"随便。"

"因为你对妈妈用那样的方式说话，所以你被禁足了。"

"随便。"

由于这个词带着一定程度的不尊重，因此许多家庭都不允许孩子对父母使用这个词。然而，即使不允许，那些没有大声说出"随便"的孩子也常常在心里这样说。

为什么是"随便"这个词呢？它又包含了什么意思？其实"随便"巧妙地暗示了这个阶段的女孩与父母关系的三个特点——独立性、矛盾心理、意识。

独立性

12～15 岁的女孩正试图独立。她们正在试图发现自己是谁，并且与她们的父母（也就是你）分开。

如果是成年人，独立会驱使他们寻找自身以外的兴趣活动，会花时间与其他人相处，以个人身份或夫妻身份和他人共同做某件事。比如，妻子可能会和女伴们来一场海边之旅，而丈夫则可能会去钓鱼，或者与之相反。

然而，青春期的女孩没有这些选择。她们无法只是做个决定就能和朋友一起旅行或是去学习绘画，除非父母愿意。

她们的选择通常是以其他形式出现的。自恋阶段的女孩会通过选择在哪个房间过夜（通常是她们的房间）来表明自己的独立性。她们会掌控自己与父母沟通的意愿的程度，但这种意愿的程度通常并不高。

这一年龄段的女孩需要在界限内的自由，以彰显自己的独立性。许多女孩告诉我们，她们在学校里很努力地和朋友社交，所以回家后需要有自己独处的时间。当母亲紧随其后进入她的房间并问她"怎么了"时，其实是剥夺了她小部分的独处时间和独立性。

你的女儿需要自己的时间，因为她在这个阶段需要形成自己的观点、想法和偏好。这并不是说她拒绝你，或是拒绝你在成长过程中所教给她的一切，而是她正在经历成为她自己的过程。让她去房间自己待着吧，然后过一段时间再邀请她去散步，或者去附近的咖啡馆坐坐，或是确保她会来和家人共进晚餐。在关系中将她吸引回来。事实上，她既需要独处的时间，又需要家庭关系，尽管看起来不像。

矛盾心理

我（梅丽莎）辅导的一个14岁的女孩，除了谈及她的母亲外，似乎没有别的什么话可说。她每周都会讲述她和母亲最近发生的争执，包括母亲最近的所有过失。在她说话时，愤怒、沮丧和对母亲的不屑仿佛都从她的身体中流淌而出。

最近，当咨询结束后我陪她一起等待母亲来接她时，她的手机响了。她接起电话，说："嗨，妈妈！……好的，我就在楼下。一会儿见，爱你。"

这与咨询时她说的话形成的反差让我很震惊，但我随即想起了12～15岁女孩的矛盾心理。她们就像蹒跚学步的孩子，一边朝远处走，一边回头看父母。

一位15岁女孩的父亲最近告诉我们，他的女儿要求他为她盖上被子，并对他说："你知道吗？爸爸，再过几年你就没这样的机会了。"当然，这位父亲快步跑上楼去照做了，但几乎可以肯定的是，第二天早上从她嘴里说出的第一句话就会挑起一场争吵。

"靠过来""离远点"，十几岁的女孩们都在说这两句话。潜台词则是"我需要独立，因为我正试图找到自我，但我也需要你"。对父母来说，重要的是要记住她们两者都想要。哪怕她们的言语中似乎与你针锋相对，但她们的"离远点"更多的是关于她们自己，而不是你。

意识

在 12～15 岁的这几年里，女孩的思维变得更加抽象（我们将在本章后面深入探讨这一点）。她们能够以更强的认识能力来观察情况和人，但这种意识常常被她们的自恋所掩盖。

因此，那个半年前还向你看齐的六年级学生，现在却开始挑剔你的不完美之处。她的思维足够抽象，使她能够注意到这些不完美之处，但同时也特别地理想化，认为这些不完美不该存在。

12 岁的凯蒂正抱有这样的意识，我们默认她的母亲也是如此。她的母亲很迷人、善良、乐于助人，而且工作效率很高，而她的女儿则密切关注着母亲。"我妈实在是太令人沮丧了。我觉得她所做的一切都是要批评我。她告诉我哪件事我做错了，但是我却看到她做了同样的事情。我的外祖母告诉我，在我这个年纪就是会开始注意到更多的事情。我希望我妈别再这样了。"

这位善意的外祖母是对的。这个阶段的女孩确实注意到了更多的东西，而且她们可以将这种关注用在善意或恶意的地方。凯蒂是将其用在了恶意上，或者至少是用于批评妈妈这件事上。

但如前所述，女孩们是矛盾的。我（赛西）和这个女孩谈了她和妈妈的关系。我原本想说的是"别再对妈妈那么挑剔了，你知道她为你所做的一切吗"，但正如我们所知道的，这句话起不了什么作用。因此，我决定反其道而行之，试图帮助她看到她对妈妈所抱有的期望是不切实际的。我让她重新回到这样的场景中，并从一个不同的角度来思考。"谈谈某一次你觉得妈妈在批评你的情况吧。当时你说了什么？她说了什么？你觉得你在向她传达什么呢？你认为发生这种情况时，她对你的真实感受是什么？在那种情况下，你妈妈可以做什么不同的回应吗？你又会怎么做呢？"

当这个女孩为我场景重现时，她意识到她才是那个对自己感到沮丧的人，并不是她的妈妈在她的鸡蛋里挑骨头，而是她对自己的妈妈过于挑剔了。当她意识到这一点时，她的内心产生了真诚的悔意。

我们相信这就是 12～15 岁女孩的真正心声，她们能意识到更多，却非常自恋。她们会和父母争吵，将父母推开，但又希望父母在睡前为她们掖好被子。

所有这些在女孩的生活中都是必要的。她既需要变独立，也需要矛盾心理和意识觉醒。当她有这些需求时，家里的事情可能会更加棘手，她会和你争吵，产生失望情绪，挑起冲突。然而，通过解决这些冲突（注意，不是忽视这些冲突），她就获得了宝贵的技能和工具，这将随着她年龄的增长而变得十分宝贵。她将学会处理她的愤怒和应对她的失望，也将学会原谅和施予恩惠。

养育一个 12～15 岁的孩子往往是一个劳心劳力的过程。她正在远离你，走向她的朋友。她会回到你身边的，但她必须先到充满笑声、衣服、化妆品和其他女孩的地方去旅居一段时间。

"你好吗，伙计"：友谊的世界

对女孩来说，交朋友更困难，我们必须努力使其他女孩喜欢我们。我们必须要表现得很友善。而男孩们只要一起打篮球，说一句"你好吗，伙计"，他们就能成为朋友了。

—— 一位 11 岁的女孩

这是一个女孩对于"作为女孩最困难的部分"的感受和回答。在 12 ~ 15 岁这个阶段，女孩花了大量精力来建立和维持友谊。

在自恋阶段女孩的生活中，友谊的重要性达到了一个全新的水平。

几年前，一个家庭带着三个女孩来咨询，她们一个五年级，一个初中一年级，还有一个是高中一年级。她们的父母正在办理离婚手续。年龄最小和最大的两个女儿对此非常沮丧、失落，因此在第一次咨询中，她们只是哭个不停。但是初中一年级的女儿却有完全不同的反应。她告诉我们，她对父母离婚没有意见，她真正想聊的是她的朋友对她很生气这件事。

几年后，二女儿走出了自恋阶段，她也为父母离婚而感到悲伤。但在自恋阶段，她因在友谊上遇到难处而无暇顾及家庭的变故。

我们经常告诉处于自恋阶段的女孩的父母，当同龄人的声音和影响变得更大时，父母的声音和影响会变小。当女孩没有和朋友们在一起时，她们会通过电话或互联网交谈，或者她会给朋友们发信息。当她没有这样做时，她会试图说服你，让你允许她去和朋友们聊天。

"朋友"在这个阶段也有很大的特权。她们可以让一个女孩在前一分钟感觉到自己被"视若珍宝"，而下一分钟却"弃之如敝屣"。实际上，情况通常是这样的：星期一是最好的朋友，星期二彼此就不说话了。

> 一位 18 岁的女孩告诉我们："在我 12 岁时，我的妈妈经常对任何伤害我感情的朋友发火。但是第二天在学校，我们又会和好如初，再次成为好朋友。然后，我妈妈不让那个朋友在那个周末来我家过夜。我只好一遍又一遍地告诉妈妈，这就是女孩，她们是善变的。"

在这个阶段，她们确实是非常善变的。大多数女孩在这个阶段都会成为给予和接受的一方。给予者会觉得自己有很大的特权，而接受者则觉得自己没什么特权。然而，所有这些人的行为都是出于不安全感。

我们遇到的每个处在自恋阶段的女孩，在某些时候都觉得自己是局外人，觉得其他人都有一个她不知道的共同秘密或笑话。每个女孩都对其他同龄人的事情非常上心，而且大多数女孩更愿意给同龄人留下深刻印象，而不在意失去自我。

　　我（梅丽莎）记得初中二年级时和两个"最酷"的朋友去散步。为了到达我们要去的地方，我们不得不越过一条小溪。对她们两个自信的长腿女孩来说，这不在话下，但我的腿没那么长，也没那么自信。我试图让她们走在前面，因为我知道只要她们不看我，我就能手脚并用地爬过去。然而，她们耐心地等在我后面，我只好纵身一跃，勉强跳了过去，结果摔断了胳膊，她们却不知道，疼痛让我感到恶心和晕眩，整个下午我都带着那条摔断的胳膊，好像什么事都没有发生。对我来说，没有什么比给我的朋友留下深刻的印象更重要的了。

　　对于父母来说，你的女孩在这个阶段往往也会有类似的优先事项。第7章将更深入地探讨女孩的关系世界，讨论当女孩在与同龄人关系的迷茫水域中航行时，什么有帮助，什么没有帮助。最后，本书还会告诉你如何利用这个重要的关系世界来帮助她成为独特的自己。

　　女孩是处于关系之中的人，她们在这个阶段对于关系的渴求是成倍增加的。父母在观察她们的友谊时会发现这是再明显不过了。不过，她们仍渴望与父母建立关系（尽管不是很明显）。更重要的是，她们正越来越渴望以比之前更丰富和深入的方式与这个世界建立联系。

她的精神需求：
想获得一种被救赎、建立关系的生活

> 我该做什么？我要去向何方？我好像迷失了。我似乎在绕圈子，我是不是做错了什么？可能是吧，我总是这样。
>
> —— 一位处于自恋阶段的女孩

这个女孩想与世界建立关系，但总觉得自己做不好。她看到了自己的失败，并为自己一团糟的生活而生气。

她在挫败感中想获得一种被救赎、建立关系的生活——无论是与世界还是与他人。接下来，我们将更深入地讨论女孩精神生活中的这三个关键词——混乱、救赎、关系。

混乱

我（梅丽莎）通常会在孩子们第一次来明日之星夏令营的时候与她们见面。在第一次会面时，她们会告诉我她们认为的父母带她们来咨询的原因，我也会告诉她们关于我们的一些情况。在谈话结束时，我通常会说："让我们继续说下去，开诚布公地谈谈这个问题——你简直是一团糟。"不过，我也会迅速补充一句："我也是，这里的每个人都是，但你在这里将是一个被爱着的'一团糟'。"当我说这些话时，那些十六七岁的孩子都笑了，但十三四岁的孩子却一脸错愕，她们不相信有人会把这样的话大声说出口。

几年前的夏天，一个叫伊丽莎白的女孩来到夏令营，从外表看她非常完美——总是面带笑容，所有见到她的人都喜欢她。在夏令营期间，我们去看了最新上映的电影。随后，我们谈论了每个人身上的"阴暗面"。当我（梅丽莎）在讲课时，我转向这个女孩，说了类似这样的话："即使是伊丽莎白也有阴暗面。"伊丽莎白看着我，露出女孩们在我们第一次见面时的那种错愕的神情。

第二天晚上，伊丽莎白在我们开会之前走到我面前，说："梅丽莎，之前从没有人告诉过我我有阴暗的一面。你是对的，我知道我有，只是我一直害怕承认它。"

在夏令营结束时，伊丽莎白的母亲来接她。我在她面前开了一个关于伊丽莎白阴暗面的玩笑，然后我很快就找到了当时伊丽莎白做出错愕表情的根源。她的母亲回答说："伊丽莎白很可爱。我不知道你在说什么。她才没有阴暗面呢。"

她的母亲担心伊丽莎白会对我说的话感到难过，但伊丽莎白和我明白事实不是那样的。那个年纪的她，甚至时至今日，还是一个混乱、一团糟的人，我们俩都知道这一点。然而，在伊丽莎白接受了她的混乱后，她成了一个更自由、更诚实的孩子。

这个阶段的女孩在听到这样的话时往往看起来很震惊，因为她们无法相信有人知道她们的秘密。在之前的冒险阶段，女孩的思维是具体的。她很可能尽力表现得很好，或者很有趣，或者按照她选择的策略行事，以便自己不会被叫去单独反省。她的思维是黑白分明的，这使得她充分相信自己的策略在大多数情况下是行之有效的。

然而，在女孩步入自恋阶段后就发生了显著的改变：她的思维变得抽象，也看到了她周围和内在生活的现实面。没有什么能像以前的生活那样富有意义，简单的答案并不能消除她的疑问，也不能消除她的不安全感。人们让她失望，她也对自己失望。

这种抽象的思维对女孩的精神发展有什么作用呢？它创造了一个精神成长的温床。还有什么方法比理解自己的混乱更有助于了解自己的精神需求呢？在12～15岁，女孩比以往任何时候都更能理解自己的混乱和过错。随着这种新的理解，她们对自我救赎的需求就有了更深的认识。

救赎

几年前，15岁的女孩劳拉第一次来到夏令营。劳拉来参与咨询的原因是她在家中会爆发性地愤怒。在学校，她的老师称赞她是个模范学生，她也备受同龄人的欢迎。然而，她所有的失望、受伤和愤怒在白天里积攒着，然后一到晚上就在家中倾泻而出。她的父母不仅忧心忡忡，而且身心俱疲。

在为期10天的营期中，劳拉起初是游刃有余的，她很快与其他女孩建立了友谊。她乐于助人、心地善良，而且善于鼓励人。但到了第7天时，情况发生了变化。劳拉的忍耐时间越来越短，而且情绪到了爆发的边界。那天下午，我们进行了传统的16英里^①自行车骑行活动。当劳拉的自行车齿轮无法正常运

---

① 1英里≈1.6千米。——译者注

转时，她发火了——她向周围的几个女孩大喊大叫，扔下自己的自行车，冲了出去。

那天晚上，我们作为一个团体聚在一起讨论。直到这时，劳拉还没有真正理解为什么要来参加夏令营。当我们开始回忆、总结一天的活动时，劳拉开口了："我其实并不是真心想来参加夏令营，我的父母告诉我这里是做心理咨询的，可是我之前对此完全不感兴趣。不过，今天在我身上发生的一些事情让我的想法发生了改变。我在外面骑车的时候表现得很顽劣，但你们都很善良。在我大喊大叫的时候，你们还是一直陪着我，想帮助我，没有因为我的无礼而离开我，哪怕我可能是活该的。当一个人表现良好时，被爱是一回事；但当一个人表现顽劣时，还能被爱就是另一回事了。"

那天是劳拉的一个转折点。她在第二天晚上经历了精神上的觉醒。她回想起那一天，认为那是她第一次真正地理解爱。尽管她犯了错、表现一团糟，但她还是感到被爱着。这些女孩在她愤怒时陪伴着她，以此向她传递出爱的力量。

一旦被发现（如梅丽莎指出伊丽莎白的阴暗面，或者劳拉在愤怒的情况下被爱着），女孩就会获得一种救赎性的爱。

在初一、初二的夏令营中，有更多的孩子说她们想体验这种救赎的爱，这不是一个巧合。这些少女们意识到她们的过错和混乱，也渴望在自己一团糟时能被以一种带有救赎和关系的方式爱着。

关系

在 12 ~ 15 岁期间，女孩对彼此说得最多的一句话是："怎么了？"女孩在冒险阶段不会说这类话。如果她的朋友很伤心，她就会给朋友画一幅画或试着逗朋友笑。然而，在步入自恋阶段，女孩则会问："怎么了？"当她的一个朋友悲伤时，她会问"怎么了"，而且通常是不厌其烦地问，她们往往会觉得答案与自己有关。这与处于自恋阶段的女孩的关系性质有关。

这个阶段的女孩渴望关系，也想体验这些关系。她们想和朋友有亲密的关系（要是她们不这么想才有问题呢）。她们与这个世界的关系也是如此。

几年前，一个叫阿曼达的初二女孩对自己与这个世界的关系产生了怀疑。我（赛西）请阿曼达花点时间写下她怀疑的所有理由。

☆ 如果我死了会怎么样？

☆ 为什么我总是沮丧，总是经历困难的事情？

☆ 为什么我似乎从来没有得到一个确定的关系的信号？

☆ 为什么在我呼救时没有人回应？

☆ 我知道没有人是值得的，但为什么我觉得我是最不值得的？

以上是阿曼达怀疑的理由。我们也相信，阿曼达怀疑的主要原因之一是她在冒险阶段所拥有的黑白分明、具象思维式的视角已经不再起作用。她需要一种超越黑白的视角，以纳入所有在她头脑中游走的抽象的、具有关联性的想法。

我们从她的清单中可以看到她的关系需求。朋友对阿曼达很重要，她也深深地希望与世界建立关系。她希望这个世界和真理以一种关系化的方式呈现在她面前。阿曼达真正想从世界那里得到的东西与她想从朋友那里得到的东西是一样的：她想体验世界上的各种关系。

处于自恋阶段的女孩想要亲自去接触这个世界，亲自体验关系中的真实情感，这就是为什么女孩们回家后经常会谈起让"每个人都哭了"的分享会。女孩们希望以一种现实而非理念的方式认识世界和真理。

在一期夏令营中，我（梅丽莎）讲授了一个关于发生在古代希伯来的基甸和米甸人之间的战争故事。基甸手下的每个人都收到指示，带一个号角、一束火把和一个空的陶罐上战场，并将火把放在陶罐里，直到指定的时间再拿出来。到了指定时间，基甸手下的人就按指示打碎陶罐，点亮火把，吹响号角，并高声喊叫着冲锋。

我们用一个陶罐来象征着我们是谁以及我们做什么。有的女孩谈到了为了融入社会而做的一切努力；有的女孩谈到了她们试图做到完美，或看起来像自己什么都拥有；还有的女孩谈到试图变得很酷——对伤害她们的事情持轻蔑的态度且不被影响。

第二天，我们准备了一些陶罐。在讨论结束后，我们让孩子们每个人来拿一个陶罐。孩子们一个接一个地走到台前，谈论其陶罐象征着什么，然后将陶罐拿到空地上砸碎。

第三天晚上，每个孩子再次来到台前分享。这天晚上，我们谈论的是火把。现在，陶罐已经被打碎了，孩子们点燃火把，发出光亮了。于是，大家一个接一个地谈论每个人的闪光点是什么。

"贝茜的闪光点是她的善良。她不需要说太多话，但每次我看到她，她都在鼓励别人。"

"克莱尔的闪光点是她的幽默感。无论我有多难过，她总能让我笑。"

讨论不断继续，直到每个人都被谈及。基甸的故事涉及了处于自恋阶段的女孩的三种精神需求：它承认了她们的混乱，让她们有机会谈论每个人的空罐是什么；它是救赎性的，因为透过砸碎的罐子会发出火把的光芒；它也是一种深刻的关系，且在孩子们之间建立的关系使他们得以相互鼓励。

将近一年后，我（梅丽莎）收到一张纸条，上面写着：

梅丽莎：

有几个女孩真的想在这个夏天再次在营地砸陶罐。

请考虑一下吧。

真诚的，
安妮和埃莉

安妮和埃莉都想重新砸陶罐，因为这个活动触及了女孩精神生活中的这三个需求。女孩需要能够以一种承认自己的混乱、具有救赎性和关系性的方式来与世界建立联系。当成年人用语言和经验来教导她们时，要给她们机会用全新的方式了解救赎的爱，而这种方式是她们发展到这个阶段前无法了解的。

父母可能有时只看到女孩的混乱，却看不到她正在成长为她自己，她在这些年里有特定的发展需求。理解这些会让父母保持坚持下去的希望。

此外，父母在坚持下去之后能做什么？当女孩感到无法与人产生联系时，父母应如何与她建立联系？答案就在于被我们称为"后门"的方法之中。

她需要的养育方式

几年前，我们写了一本名为《通往青少年心灵的后门》（*The Back Door to Your Teen's Heart*）的书。"后门"是一个我们关于养育自恋阶段孩子的育儿理念。为什么是"后门"？因为单刀直入、正面回应的"前门"对青少年根本不起作用。

当孩子们能够预测父母的下一步时，他们就会对父母感到不屑。任何一个 12 ~ 15 岁女孩的父母都曾感到被女儿排斥——要么是一个眼神，要么是一声咕哝，要么是一句"随便"。从前门进入往往就会被立刻打发走。

一个 15 岁的女孩最近告诉我们，她参加了一个父女会议。会议进行到一半时，演讲者让父亲们转向他们的女儿，然后看着自己女儿的眼睛说"你真漂亮"。

作为父母，你可以想象这个年轻女孩的反应。"这简直太愚蠢了。不仅是我感到愚蠢，我觉得我爸爸也是。他并没有这样想，只是那个演讲者让他这样说。"

这是"前门"的方法。"后门"的方法则是这样的："亲爱的，你妈妈的生日快到了，你穿衣风格这么好，我希望你能帮我为她挑一些衣服。"

"后门"是邀请青少年加入与父母的关系中，而不是命令他。"后门"的方法是不可预测的。如果你去学校接女儿放学，然后问她今天过得怎么样，其实你已经知道你将得到的答案——"还行"，因为她也预测到你将问这个问题。

相反，父母可以问她一些不同的问题。比如，问她今天食堂的午餐是什么，或者问她如果现在可以去世界上的任何地方，她会去哪里，为什么？你还可以经常问起她的朋友——不是以一种让她认为你在试图获取信息的方式，而是以一种让她知道你真正关心她们的方式。"你说萨莉刚刚发现她妈妈得了癌症。她今天的状态怎么样？"也就是说，你的问题要有不可预测性。当父母以她意想不到的方式与她交流时，她更有可能参与谈话。

"后门"的方法需要更多的创意，但能给父母一个更好的机会去建立关系，而不被拒绝。一个很好的"后门"方法是在做其他事情时与女孩交谈。我们经常与这个年龄段的孩子坐在营地的码头上或浮舟上展开交流，此时的交流效果是最好的。作为父母，和你的女儿一起做饼干；看一部她喜欢的电影；和她打篮球，在投篮时打开话匣子。一个14岁的孩子最近告诉我们，她的父母最喜欢做的事情是"开车、购物和表达爱"。开车和购物也是"后门"式的活动。

12~15岁的女孩是以自我为中心的，她们有时很笨拙，对自己没有信心，这使得她们对其他的一切都充满了不确定感。在她们与父母的关系中尤为如此。一个14岁的孩子认为，和母亲太亲近并不是一件很"酷"的事情，但当父母偷偷从"后门"接近她们时，她们就放松了警惕，经常在不知不觉中开始与父母交谈。在自恋岁月中与父母一起开车、购物和表达爱的过程中，她们允许交流的出现，并与父母建立起联系。

第5章

我家有女初长成：自主阶段（16~19岁）

RAISING GIRLS

　　在所有女性关于她们自己的描述中，其身份都是在关系的背景下定义的，并以责任和照护的标准来评判。

——卡罗尔·吉利根（Carol Gilligan）

《不同的声音》（*In A Different Voice*）

　　我（赛西）在高三时最深刻的记忆之一是和我的朋友特蕾西在一起的时光。我们很幸运地组成了一个有九个女孩的小组，这个小组里的女孩都很有趣、善良。我们致力于做正确的事情，而不是做像喝酒、抽烟等错误的事情。我们就是人们眼中的"好女孩"。就像本章开头卡罗尔·吉利根所说的那样，我们对自己的身份认知与关系和责任有关，这里的"责任"指的是有所为和有所不为。

我记得有一天下午，我和特蕾西决定一起去书店买书和 CD。我们浏览了很长时间，最后买了一张崔拉·帕丽斯（Twila Paris）的 CD。我记得那天下午我坐在特蕾西的车里，被一首名为《勇士是个孩子》（*Warrior is a Child*）的歌曲深深打动。然后，我们俩一起祈祷，这是我和朋友的一次强烈的精神和关系体验。

但问题在于，这发生在星期四下午一点半左右，这个时间点很重要。在我和特蕾西在车里为崔拉的歌曲感动的同时，老师也在化学课上点了我们的名。

我们逃课去书店，然后一起祈祷。这是一种怎样的讽刺啊！然而，这恰恰是一种处于自主阶段的女孩生活的讽刺。

女孩对待自己非常认真，相信自己有自由，可以按自己的选择行事。女孩认为，只要在做正确的事情，规则就不一定对她们适用。她们正在寻找自己的声音——我是谁，我相信什么。更别说她们所做的事情还带着在边缘试探的刺激感（如逃课）。她们甚至从未意识到自己的立场是多么虚伪。

在 16~19 岁，女孩们变得更加自主。正如我们的朋友佩斯所说，"车轮决定一切"，即车轮会带着女孩离家越来越远，驶向遥远的地方。在那里，她能够做出自己的选择，并成为她自己。在成为自己后，她会在自主阶段，在身体、情感和精神上继续成长。

她的阶段特征：
更加独立自主，身体和情感不断成熟

我（赛西）最近不得不把一个女孩送到一家医疗机构去治疗进食障碍。当我第一次见到这个聪明、善良、有魅力的年轻女孩时，我绞尽脑汁想找到某些类型的创伤性事件来解释她身上问题的根源。我问了她一个又一个问题，关于她的家庭、她的过去——任何可能引发她对自己的身材过分在意的事件。

最后，我得出的结论是，她认为人们对她的看法发生了转变。

"在我十二三岁时，大家总是说我有多瘦，说我看起来像个运动员，还称赞我很漂亮。然后当我到了十五六岁时，他们不再这么说了。没有人再对我提起关于我的外貌的事情，所以我知道我已经不再好看了。"

在 12～16 岁，女孩经历了青春期，她们的身体和大脑都发生了正常的变化。

在 16～19 岁，女孩的大脑和身体不断发育成熟，这是女孩成长中的一个重要阶段，它在很大程度上决定了她们如何看待自己——不仅是当下，还会持续到成年。

曲线与羞耻

我们最近跟几个朋友询问了她们对自主阶段的自己，特别是自己的身材有什么感受。一个朋友在我们话音未落就回答了："我讨厌我的身材。"

如果自主阶段的女孩认为自己能自由地说实话，那么这句话无疑就反映了大多数女孩在当时的心声。16~19岁，女孩的身形发生了变化——并不是那种排山倒海的剧变，而是以圆润和柔软的方式。青春期的身体开始展现更明显的曲线，这却使她们羞耻，就如同那个患进食障碍的年轻女孩那样。

回想一下你在高中的经历吧！你对自己的身体有什么感觉？与你的同龄人相比，你的感觉如何？

我们在本书的第1章谈到了关于在某个发展阶段停滞不前。每个人都可能会体会到止步不前的感觉。不论高中时的经历是积极的还是消极的，每个女孩都被这些经验塑造了。事实上，高中时的体型再也没有离开过女孩，她们意识里仍然觉得自己是那个身材粗短、不灵活的女孩，或是那个四肢瘦长、笨手笨脚的女孩。

不管你的女儿身材如何，她在自主阶段都有可能会觉得尴尬。青春期前尚未发育成熟的身材是女孩们趋之若鹜的时尚，尽管她们已过了那个阶段。哪怕她已经超重了，让她减肥也不是你的工作，除非她自己提出要求。在她没有主动要求的情况下，如果父母让她减肥就只会使她感觉自己更糟。

父母能做的是帮助她看到"她是谁"的真相，而不是只关注她的外貌。父母在她的生活中拥有特别的声音，可以帮助她看到她被赋予的独特天分。在本书的最后一章中，我们还会更多地讨论父母该怎么做。

她需要父母。她不仅需要父母帮她洞察"她是谁"和"她能成为谁"，还需要父母帮她看到除了外貌，她还有更多的价值——因为在这个年代，会有人说相反的话。

性与困惑

在美国，"甜蜜的 16 岁，从未被亲吻过"这句话曾经是对少女的美誉，但时至今日已经鲜少有人说了。部分原因是，许多美国女孩在 16 岁生日前就已经被吻过了；另一个原因是，对于一些女孩来说，亲吻更像是一种尴尬的体验，而不是爱慕的展现。在美国，性无处不在。女孩在这方面接受了过度的曝光和刺激，但可悲的是，这方面的教育被低估了。

美国媒体将性描绘成青少年生活中的终极满足，遗憾的是，女孩和男孩都会接触到这类媒体。于是，男孩相信每个女孩都会愿意在青少年时期初尝禁果，女孩则可能会非常迷茫。

女孩的激素水平变化无疑加重了这种迷茫。不过，男孩将性视为目的，女孩则将性视为手段。如同女孩世界中的大多数元素一样，性是具有关系性质的，与亲密关系有关。这种对性的差异看法是有生物学原因的。

对女孩的大脑施加控制的主要激素是雌激素、孕激素和催产素。迈克尔·古里安在《女孩是天赐的》一书中对大脑发育背后的科学原理进行了详细而有见地的分析，以下是我们的总结。

☆ 雌激素就像是筑巢的激素，它帮助女孩和女人对自己、关系和生活感到满足。

☆ 孕酮是打消疑虑、给人确定性的激素，它创造出了更多对建立关系的需求，且常伴随着加强这种关系的需求。

☆ 催产素是具吸引力的激素。女孩身上的这种激素比男孩多 60%。基本而言，这种激素刺激了泪腺，使女孩哭泣，产生同情心，并吸引更深层的关系。

另一方面，男孩的大脑正在分泌含量高得多的睾酮。睾酮会带来独立和攻击性，这与男孩的性冲动有很大的关系。虽然女孩体内有一定数量的睾酮，男孩体内也有一定数量的主要雌性激素，但从生物学角度看，女孩天生就渴望亲密关系。

这种组合会使所有相关的人产生大规模的、破坏性的混乱。我（梅丽莎）辅导的一位年轻女性安吉最近和我谈起了她初次发生性行为的感受。当时 17 岁的她感觉非常不安。因为她从小就被告知性是一种神圣的行为，只能在婚姻关系中才能发生，但这种说法直至今日她都无法理解：

> 我希望有人能真正说明白为什么不能发生性行为。我只知道传统观念告诉我不能这样，但我并不知道真正的原因是什么。这不仅是为了让我远离一些有趣的事情，有趣是我对性的看法。这其实是为了保护我。如今，当年的那个男孩已经离开了我，我感到非常痛苦。我知道他不是我所需要的伴侣，但我还是很痛苦。我无法放下他，现在我才明白为什么有这种说法了。

对安吉来说，性是一种关系，以神圣的、为婚姻而保留的方式来保护她，与她的心灵建立联系。我们如何帮助安吉这样的女孩？我们如何为她设定界限，而不只是简单地给出该做和不该做的行为清单呢？

首先，父母可以让女孩接触不同的东西，可以教女孩关于性的情感真相，但她也需要从其他声音中获得这些信息。除父母以外，她在生活中还需要有她尊重的成年人来说出这些真相，她也需要能鼓励她并要求她负起责任的朋友。

女孩需要尽可能多的强大、诚实的声音，她们需要父母承认性带来的压力和诱惑，也需要能够公开地与父母谈论这些事情，并且知道父母不会为此"抓狂"。她们需要父母在听到并理解她们对性的看法后，发表真实的想法；也需要父母的信任和理解，以及父母为她设定界限。

最近一个女孩说，青年小组在这方面对她有很大的帮助。她和小组里的一位负责教育的年轻女性直接谈论了性的话题。女孩说，她一直想知道"做到什么份上才算逾矩"（顺便说一句，这也是我们经常听到的问题）。带领小组的青年领袖们并不害怕回答这个问题。

"他们告诉我，任何超过接吻的事情都属于逾矩了。我的父母其实也给我立了个规矩，不允许我和一个男孩一起躺在沙发上。但我也需要别人告诉我这些。我并不总是遵守这条规定，但有个规矩总是有帮助的。我想知道到哪一步我该停下来，以及做到哪一步我就算逾矩而需要请求父母原谅。"

这个诚实的年轻女孩很高兴她的父母和青年小组的带领者都为她设定了界限。随着自主阶段大脑的发育，女孩终于能摆脱自我中心的自恋，接受父母和其他人的指导，并且尝试处理这些令人困惑的情况。

超越自恋

女孩的大脑在自主阶段会慢下来，自信心的挫折也会逐渐远离她，原先因自恋而变得"短视"的视角也开始变得清晰，并再次出现同情心，还能关注到其他人的观点。

在和一群高中三年级学生的谈话中，我（赛西）让每个女孩谈谈父母在什么样的家庭环境中长大。每个女孩都讲述了关于困难和损失的故事。在最后一个女孩说完后，其中一个女孩说道："原来我们中有那么多人的父母都曾艰辛度日，这真令人惊讶。"这句话充分地说明了自主阶段的情况。

这些女孩可能从小就听过同样的故事，但从未认真看待过这些故事。然而，在认真思考后，她们会突然发现自己的父母不再只有"父母"的身份，他们也是人。十七八岁的孩子开始能够从父母的角度来看待生活。

在自主阶段，女孩的大脑更有能力进行抽象思考。因此，她们能够理解父母的观点，也能够看到自己对他人产生的影响。她们能读懂面部表情，能看到朋友眼中受伤的神色，能听出老师声音中的失望。

在 16～19 岁的青少年时期，女孩渴望发展更深层的关系。从生理层面看，他们能以比先前更富同情心、更有自我意识和更抽象的方式来为他人付出，且她们在付出时逻辑性更强，情绪化更弱。这些都是她们在自恋阶段做不到的。

额叶的馈赠

　　我（梅丽莎）最近和一个 17 岁的酗酒女孩面谈。这个勇敢的女孩在 90 天内参加了 90 次匿名的戒酒会，并对自己的生活进行了长期的认真审视。她发现，"冲动"是最令她挣扎的词，"冲动"几乎可以描述她对酒精、人际关系、生活的态度。她已经准备好做出改变了。

　　这就是一个处于自主阶段的女孩。16 ~ 19 岁的大脑发展水平往往足以让女孩具备充分的自我意识，能让她意识到自己是冲动的。然而，产生改变的想法和改变的能力，绝对需要她们的大脑（包括大脑的结构和此时大脑所具备的能力）的帮助。

　　科学家们最近发现，人的大脑直到 20 多岁才会完成全部发育，女孩 17 岁时的大脑远比 15 岁时的要发达得多。额叶是大脑最后完成发育的区域，它负责控制冲动、做出判断、解决问题以及其他管理型的活动，因此女孩能比以往更好地处理她的情绪。她不仅能够看到自己的破坏性行为，还能改变这些行为。哪怕可能没有表现出来，她也有推理和归因的能力。她能理解行为产生的后果，并因此避免相应的某些行为。

　　对女孩来说，这个阶段是掌握这些新技能的天赐良机。因为女孩还在父母庇护的屋檐下，可以争取拓宽行事的边界。

　　女孩正变得自主，她在身体和心理上都倾向于建立更深层的关系，在生活中更富有责任心。她正在成为一个成年人——表现为身体上以及情感上的成熟。

她的个性标签：半个女孩、半个女人的混合体

我们有一个伙伴，它是一只名叫贝莉的黄金贵宾犬。这是一种新型的杂交犬种——一半是金毛寻回犬，一半是标准贵宾犬。它具有金毛犬的温和与忠诚的品质，同时又具有贵宾犬的活泼、个性十足和一头卷毛等特征。它在很大程度上与自主阶段的女孩相似。

女孩也是一个混合体。16～19岁的这几年里，她是半个女孩和半个女人。她的情感也反映了这种混合。她想要独立，但又需要归属感；她希望被身边的人欣赏，但对被欣赏的具体认知只是停留在理想化的层面。

16～19岁，女孩的情感和个性不断成熟，随着她的成熟，有四句话可以描述她在自主阶段的需求："相信我就好""多看看我""我想被接纳""这永远不可能发生在我身上"。

"相信我就好"：对独立的需求

16～19岁是女孩（和男孩）迈向独立的关键时期，至少从美国政府的规定来看是如此。16岁，他们可以考取驾照；17岁，他们可以观看R级电影[①]；18岁，他们可以买烟，选择参军或是离开学校，并从父母那里获得解放。

美国的开国元勋们，还有现代立法者以及香烟制造商都相信，16～19岁的青少年在某种程度上能够自己做决定。虽然对父母来

---

① 美国影片分级制度中的一级，属限制级，17岁以下必须由父母或者监护者陪伴才能观看。——译者注

说，这确实让人难以置信。

你知道你的女儿仍缺乏完成家庭作业的责任感；你看到她仍会忘记倒垃圾和清空洗碗机，甚至忘记刷牙。即便她故作强势，你还是担心她没有准备好独立处理生活问题。

然而，她想独立，她想确信你会信任她，相信她有能力做好每件事，不论大小。

> 刚满 16 岁的玛丽已经承担起了全新的家庭责任：她开车送她的小妹妹往返学校和参加各种活动，还帮助母亲跑腿打杂。在这种独立带来的责任中，她正在茁壮成长，同时这也塑造了她。

实际上，玛丽新获得的独立性以及来自父母的信任，使她得以绽放自我。我们发现那些在大学一年级才初获自由、如脱缰野马般的女孩，更容易变得有破坏性。在从未有过的宽广界限面前，她们中的许多人都不仅无法获得成功的机会，而且还失败了。这是因为她们在整个高中时期所接受的教养方式与之前是相同的，并没有随着年龄的增长而承担起更多的责任或赢得更多的自由和权利。

我们和朋友兼同事戴维为高二和高三学生的父母提供了一门课程，其重点之一就是关于独立。随着逐年升向高年级，女孩需要能更灵活地决定每年的就寝时间，需要获得更多使用通信和社交媒体的时间。随着年龄的增长，她们晚上回家的时间也需要适当延后。当自由以这种方式逐步增加时，从高中到大学的差异就显得微不足道，以至于女孩几乎不会注意到。

女孩需要一个机会来发展独立性。如果她仍然住在家里，就需要在发展独立性时经历失败和挫折。在这个阶段，她可能会经历第一次轻微的车祸，而父母会在现场见到她；她也可能双眼布满血丝、带着酒气走进家门，而被父母抓个现行。这时，父母要做的不是救她于水火（否则她们将无法独立），而是为她清理跌倒后的擦伤，满怀同情地倾听。如果需要，那么可以禁止她开车出行，并询问她如何避免以后再次发生同样的事情。还记得"后门"的方法吗？提醒她，将她身上你所赞赏的一切告诉她。

"多看看我"：对赞赏的需求

赞赏和重视是多么让人感到温暖啊！令人感觉自己有能力可以真正配得上它们，又令人感觉自己多么地与众不同、光彩夺目。它们似乎能迅速唤醒人出乎预料的能力，用某种奇特的方式让人活过来……难怪人人都喜欢受人仰慕。

——伊丽莎白·范·亚宁（Elizabeth von Arnim）

《情迷四月天》（*The Enchanted April*）

我们和朋友利安娜一起进行了几次女孩们的旅行。在旅行中，我们都会长时间阅读，也确实读了相当多的内容。在大约一个小时后，利安娜便感到无聊，于是她坐到我们中间，用手指反复戳我们其中一人，说："多看看我。"

处于自主阶段的女孩可能不会像利安娜那样冒昧直言，她们更可能在父母准备晚餐时坐到厨房的台面上；可能会在父母开口要求之前就把垃圾倒掉；可能会拜托父母帮她们挑选舞会礼服；或者可能只是在沙发上挪动一下，向父母靠近一些。

无论她的举动是微妙的还是明显的，女孩都希望得到父母的关注。作为父母，她需要你对她感兴趣，也渴望你能赞赏她、重视她。

这个阶段对女孩来说是情感变得强烈的时期——她们可以发展出更多的意志力、同情心和更多的温柔。正如我们在有关其精神发展部分谈到的，女孩正在寻找自己的声音——她是谁，她相信什么，以及她对什么抱有热情。然而，由于这种自己的声音是全新的体验，女孩在表达时往往是试探性的。

这时，赞赏就派上用场了。来自父母和她们所在乎的其他人的赞赏之词，将聚焦在她正在形成的自我形象上，使模糊的形象变得具体，使她感到更加自由，能走向更高处。

我们的一个朋友有幸拥有一个能在她的成长岁月中理解这种需要的父亲。只要她还住在家里，父亲就会在每次她走下楼梯时做同样的事：不管她穿的是运动装还是派对礼服，父亲都会停下手头的事情，转向她并吹起口哨，用《美国小姐》（*Miss America*）的主题曲欢迎她。

每当她的父亲这样做时，他都像是在对她说："我看到你了。你很讨人喜欢，值得我关注。"她当时无法用言语表达这个意思，但她明白父亲所做的不仅仅是吹奏一首让她感觉良好的曲子而已，他还在向她传达这样的信息：你足够珍贵，值得关注。他既是在重视她，又是在赞赏她。

在这些年里，你的女儿希望你能注意到她；她希望你倾听她的声音，并对她感兴趣；她还希望你为她的成长感到骄傲并尊重她将成为的那个人。

你可以指出她的温柔；当她写出好文章或是向别人展示善意时，请告诉她你很自豪；当你看到她的朋友们的优点时，也要告诉她们。

可悲的是，许多女孩连一个仰慕、赞赏她的人都没有。在自主阶段，得到尊重、欣赏和关注对女孩生活中的方方面面都有所裨益。

"我想被接纳"：对归属感的需求

我觉得我不属于这里。我是如此孤独……连我最好的朋友都搬走了。为什么我没有任何朋友？是我不够好吗？是我太胖了，还是我太丑了？我是不是太烦人了，才导致没有人愿意和我在一起？我还能不能感受到我正在寻找的那种归属感？

——摘自一位 16 岁女孩的日记

17 岁的女孩克丽斯蒂的人际关系陷入了困境。她放学后就直接回家了，而其他女孩则聚在一起喝咖啡。大多数周末的晚上，她都待在自己的房间里，几乎没人给她打电话。

因为克丽斯蒂的父母担心她患抑郁症，所以他们带她去看了心理咨询师，但这位咨询师对关心她的父母所说的这些话却令我们不敢苟同："克丽斯蒂没问题，她只是和其他孩子不一样。我们谈了很久，她说她不像其他人那样需要朋友，我同意她的看法，我觉得她的做法没毛病。"

其实，克丽斯蒂只是隐藏了她的想法，她更像本节开头在日记里写下想法的 16 岁女孩，而不是一个不在乎自己是否有朋友的人。她糊弄了这位咨询师，而且可能也在糊弄她自己。对于克丽斯蒂来说，如果承认她找不到一个有归属感的地方就会令她非常痛苦，而这种归属感恰恰是所有处于自主阶段的女孩迫切渴望的。

> 几年前，有类似问题的 16 岁女孩玛莎来找我们咨询，她的母亲认为她有抑郁症。她没有朋友，她最好的朋友就是她的母亲。顺便说一句，只要她不是因为女儿的身份，将母亲视为最好的朋友其实是一件好事。
>
> 在我们夏季休营前，玛莎参加了几个月的小组活动。到第二年秋天时，玛莎看起来完全不同——她看起来更自信，不再用穿着来掩饰自己，并且有了更多的笑容。她告诉我们："从来没有一个地方让我觉得我可以做我自己。每周和你们见面时，我都能感觉到你们真的喜欢我，这对我很有帮助。现在我加入了乐队，而且我真的交到了朋友，是小组给了我做这些事的信心。"

在小组中，玛莎开始觉得自己有归属感。与赞赏一样，这种归属感使她能够在更大的程度上做自己。归属感也给予了她一种安全感和与人产生联结的感觉。

在自恋阶段，女孩希望自己能够成为一个受欢迎团体中的一员，这个团体可能是一支运动队伍，也可能是任何她希望发展更具有相似气质的团体。在自主阶段，女孩则希望有归属感。她想成为一个她可以称之为"我最好的朋友"的团体的一部分；她希望有一个属于自己的"最好的朋友"，而且她可能还很想有一个男朋友。她并不是为了虚名而想要这些东西，而是为了安全和与人建立联结。

在这个阶段，女孩正试着朝成为女人的方向迈进。归属感有助于她将来明白自己作为女人会被接受，并从自己的不安全感中走出来。

"这永远不可能发生在我身上"：对理想化的需求

> 我（梅丽莎）在 16 岁时加入青年小组。我们的小组很棒，但问题是我们没有一个带领小组的青年辅导员，于是我决定去试试。在某次活动结束后，我找到负责人说："请听我说，现在青年小组运作得不错，但我们真的需要一个青年辅导员。我只是想让你知道，在你找到合适的人选前，我很愿意帮忙。"
>
> 显然，我没有受过任何训练，加入小组的时间也不长，但是我看到了小组的需要，再加上自主阶段所拥有的理想主义，我自认是完美的人选。

由于 16~19 岁的女孩大脑的变化，她们能够看到周围人的需要，也能够给予更多的同情，并真心诚意地想改变现状（在关于其精神发展的部分会有更多介绍）。拥有这种理想主义的想法是件好事。

在美国，有许多女孩参加义工旅行，这其中一定有一种能量、一种动力驱使她们关怀他人。她们带有理想主义色彩，并坚信自己可以有所作为——她们是对的。在夏令营，我们让年长的女孩在年幼孩子的营地帮忙，她们都非常出色地完成了任务。要不是这些年长女孩带着理想主义去帮忙，这些年幼的孩子可能就会错过一些机会。

我们在自主阶段女孩的友谊中也看到了理想主义的身影。女孩彼此之间有一种非常密切的关系，同样还有强大的驱动力去关怀对方。因此，往往会发生如下情况：假如莫莉遇到了困难而心情不佳，斯宾塞就会马上前往莫莉家——家庭晚餐和作业都无法阻挡她，因为在那一刻，她最重要的使命就是去安慰莫莉。

遗憾的是，这种理想主义在长大成人的过程中渐渐消散，人们仍会继续关心他人，程度却不比当年。不过，青春期那么强烈的理想主义也有一个缺点，那就是她们在这些年一直存在一种侥幸思维——"这永远不可能发生在我身上"。

☆　我开车可以想开多快就开多快，尤其是我的朋友现在很伤心，我得赶着去安慰她。我不会被开罚单的。

☆　这次考试就算不复习也没关系，我没问题的。

☆　毫无疑问，我可以在一个星期内完成大学申请。

以上的这些想法，与我（梅丽莎）青少年时自告奋勇去自荐担任青年小组辅导员的那种理想主义简直如出一辙。在这个阶段，青少年觉得自己就是无所不能、无人能敌的超人，也确实有不少青少年对此深信不疑。这种观点在许多电影中都得到了诠释和表现，16~19岁的青少年在电影中常常被描绘成频频出没于永不停歇的派对中，却鲜少见其父母的踪影，规则也根本不适用于他们的一群人。电影中的青少年是一群游戏人生、脑袋空空的少男少女，他们主要的任务就是花父母的钱，以及能不学习就不学习——至少从媒体上的报道来看，青少年的生活就是如此。

然而，现实并非如此。我们认识的一些女孩在这段自主的岁月中正不断与自己斗争着，她们勇敢而诚实地面对自己，追求天赋的使命，努力成为那个独一无二的自己。她们也逐渐明白，当自己的能量被引导向一个更高层次的目标时，就能更好地享受生活。

她的精神需求：渴望独立、付出，寻找目标感

杰西卡 16 岁时就已经去过毒品和酒精的戒断中心了。她的父亲是一位牧师，母亲是一位心理咨询师，她听过很多"正确"的道理，却依旧经历了很多"错误"的事情。

从戒毒中心出来后，她就来找我们咨询。我（赛西）在春季为她提供了几个月的咨询，在处理过去的问题和未来的康复方面，她都取得了很大的进展。不过，她一直没有处理的是对精神发展的需求。

她的母亲告诉我，杰西卡在冒险阶段曾对信仰非常敏感，但不知为何，在与毒品、酒精打交道的危险生活中，她对精神发展的需求逐渐被追求自恋阶段的乐趣所掩盖。

然而，在经过那个春季的辅导后，事情开始发生转变——杰西卡的内心变得柔软。我知道，她的精神世界开始复苏。

现在，杰西卡需要的不再是那些在冒险阶段满足她的简单答案。夏令营可能是一个帮助她精神发展的坦诚、有力、安全的地方。

在用"她不会再听到陈腔滥调或简单的答案"为理由说服她后，杰西卡报名参加了夏令营。在夏令营结束时，我们请她到一个年幼孩子的夏令营帮忙。在那一周里，夏令营的活动和梅丽莎的教导在她的心里掀起了波澜，与其他孩子的关系也帮助她发现了真理并增强了自己的信念，还培养了目标感。

第二年，杰西卡又来参加了一次夏令营。她的故事是对我们的鼓舞，也提醒了我们，自主阶段女孩的精神发展所需要的三件事：启发式教学、信念的力量和目的感。

启发式教学

16~19岁的孩子是通过探索和发现来学习的，他们需要被邀请进学习的体验中，而不是直接聆听指导。

在教导探索阶段或冒险阶段的女孩时，我们会采取直接的方式给予指导，为她们提供我们想让她们学习的东西，她们也会欣然接受，尽管她们可能会提出疑问。

青少年则不同，正如我们所说过的，他们的思维是抽象的。而且更加复杂，对触及心灵深处的教导会有所反应。质疑是青少年的天性，也是他们精神发展的必要部分之一。

女孩们在青春期的这几年里会找到自己的信念，而不只是追随父母所秉持的观念。她们正在形成自己对某些问题的信念和看法，更重要的是对这个世界的理解。

16~19岁的女孩需要的是老师允许她们提出难题，而非要求老师必须给出答案。老师可以向她推荐经典书籍，让她阅读并写下对内容的理解，向她提出更多问题。鼓励她去发掘真理，而不是把真理直接交给她们。

提问使自主阶段的女孩们的信念和看法得以拓展延伸，提问也给予其信念的力量，帮助她们成为具有坚定、热情和全面信念的女性。

信念的力量

16 ~ 19 岁的女孩正在决定她想成为谁、她想相信什么。她正在形成信念、价值观和性格。虽然一直以来她都在发展这些，但之前往往是父母的选择多于她的选择。

然而，在这个阶段结束时，你的女儿将自己做出选择和决定。你将不用再盯着她是否喝了太多的酒，或者她是否穿了不合适的衣服。她必须自己做出这些决定，而自主阶段正是其起点。

正如我们所说，她的思维已经改变，不再满足于黑白分明的答案。她想知道为什么她不应该有婚前性行为，为什么她不应该一醉方休，或者为什么她不应该抢走闺密的男朋友。她还想知道，在那些从小就听到的教导背后有什么样的原因。

这就是需要启发式教学的时候。当我们告诉她们为什么不应该做某件事时，这对自主阶段的女孩并没有帮助。她需要自己去发现原因，并且她现在已具备这么做的能力了。我们能做的就是促进这一过程，我们可以为她提供机会，去讨论和思考她所相信的事物；我们可以帮助她找到其他正在与同样问题做斗争的孩子群体；我们还可以再次通过提出问题来帮助她们澄清自己的信念。让我们为你描述一下如何付诸具体行动吧。

我（赛西）最近在辅导一群高二和高三的女孩小组。我知道小组中有几个女孩对她们所做的选择感到不满，并在自我憎恨中挣扎——这是一种对自己的强烈愤怒和羞耻。我本可以很容易地对她们说"我知道你们中有几个人对自己感觉很糟糕，我想知道为什么，还有你们想怎么做来改变现状呢"，但我没有这样做。相反，我问了她们一个问题："自我憎恨和悔改之间有什么区别呢？"这些女孩自己想到的区别是：自我憎恨是停滞不前，而悔改是继续前行。她们谈到，因为一个人可以觉得对不起自己，所以自我憎恨是比较容易的。我接着问："当你被困住脚步并感觉对不起自己时，你是如何处理的？"答案各式各样，从对她们的父母非常生气，到将朋友推开，再到不让自己吃饭。当女孩们回答这个问题时，她们才恍然大悟——这些行为实际上都是在惩罚自己。

这并不是说我有多么深刻的见解，我只是问了两个问题。但这些女孩通过抽象的思考，自己得出了答案。

处于自主阶段的女孩有能力发展自己的价值观和理想。当她们通过富有启发性的教学和讨论发现自己的信念时，信念的力量就会得以发展。

目的感

在我们写这本书的时候，我们分别向一组自恋阶段和一组自主阶段的女孩们提问，请她们用一个词或词组来形容自己想被描述的模样，表 5–1 是她们的答案。

表 5-1　　　　　　　　　自恋阶段与自主阶段女孩的答案

自恋阶段	自主阶段
✧ 酷	✧ 意志坚强（在好的方面）
✧ 有趣的人	✧ 坚定立场
✧ 聪明	✧ 受人尊敬
✧ 风趣	✧ 富有爱心
✧ 体贴	✧ 有创意
✧ 乐于助人	✧ 世界的光
✧ 完美	✧ 独特
✧ 受人欢迎	✧ 忠诚
✧ 值得信赖	✧ 无私
✧ 不坏（在学校不惹麻烦）	✧ 内心纯洁
✧ 时髦	✧ 美丽（但不是外表）
✧ 最棒的朋友	✧ 有吸引力
✧ 开心果	✧ 深刻又敏锐

我们从表 5-1 中可以看出，大多数自恋阶段的女孩选择的形容词都与其他人如何看待她们有关，而自主阶段的女孩选择的形容词则与她们是谁有关。

这些 16～19 岁的女孩正在变成她们希望别人看到的样子，她们正在有目的地成长。这种渴望付出、渴望提供自己拥有的东西，是自主阶段的女孩身上令人振奋的一个特征。

高二和高三的女孩经常在青少年小组和学校等环境中感到无聊，同样的情形在我们明日之星小组中也不难发现。为什么这些女孩会觉得无聊呢？原因为：（1）我们在她们 17 岁时还是继续用 12 岁时的方式来教导她们——我们给出指导，而不是启发；（2）这些女孩已经准备好了在身体、情感和精神上去体验目标感，体验她们所希望被描述的为人处事方式。

她们现在有能力从别人的角度出发；她们富有同情心；她们也能看见别人的需求，自己也有给予的需求。

这些需求和能力极大地影响了我们在明日之星小组中的咨询模式。咨询模式有三个关键词——软化、塑形和强化。就像陶土一样，必须先被软化，然后才能被塑造成所需要的形状。软化是指与儿童或青少年建立一种关系，使他们能够毫无顾虑地去信任；塑形是指实际的教导。陶土在被塑形之前必须先被软化，塑形做成陶器之后，还要将陶器放进窑里煅烧和强化，以加固陶器。少了强化这一步，陶器就不能使用。

对于少女来说，找到目标感就是强化。在明日之星夏令营，16～19岁的女孩在帮助我们的低龄儿童小组或营地时，就能够找到自己的目标感。这不仅能帮助她们相信自己，也能帮助她们相信自己所经历的一切是意义非凡的。

有一年夏天，一名高三学生第一次参加了我们的夏令营。她非常勇敢地与进食障碍抗争了多年，最后终于感觉自己赢得了这场战斗。我们请这个年轻的女孩到我们的初一和初二的营地帮忙。

当夏令营即将结束时，她在厨房里拦下我们，并对我们说："我非常感激你们让我来这里帮忙。我从来没有想过，我能在某一天明白我所经历的这些事情的原因。我也从来没有想过，这些经历能在某一天可以派上用场，我能有机会和那些为同样的事情挣扎的女孩交谈。我终于感觉到，我所经历的一切都可以为别人的生活带来改变。"

后来，这个女孩把为患有进食障碍的女孩工作当作一项事业。她找到了目标感，而且这个目标帮助她更了解自己是谁。

她需要的养育方式

在有关发展的章节里，我们已经花了一定的篇幅讨论了如何帮助你的女儿成为独一无二的自己。虽然在她的余生中，你都会在一些小的方面继续帮助她，但在自主阶段，也是你声音最响亮、直接产生影响的部分即将结束的时候，因为她正在寻找她自己的声音。她的身体、她的情感和她的信念正共同发挥着作用，使她有能力去关心、给予，并产生一种超越自身的目标感。在这些年里，她逐渐发现了自己应该成为什么样的人，并相信这个使命和角色是由上天赋予的。

那么，在自主阶段，你会充当什么角色？在多数情况下，你就像是一张和朋友的地位相当的安全网。你并没有完全失去你的权威，也正在允许你的女儿拓宽界限，为她18岁成人后的生活做准备，避免出现巨大的转变。当她跌倒时，你将帮助她重新站起来。最重要的是，你正一路伴她同行，并用你的爱来支持和强化她的一切发展，让她去成为那个美好的自己。

RAISING

GIRLS

第二部分
**她在经历
什么**

第6章

女孩一生的追求：关系

RAISING GIRLS

女性对于关系的渴望毫不留情地提醒了我们是为什么而生的，以及什么是值得我们去奋斗的。

——莎伦·赫什（Sharon Hersh）

《勇敢心灵》（*Brave Hearts*）

在夏令营期间，我们分别和一群男孩、一群女孩进行了16英里的自行车骑行。这两次骑行的经历截然不同。男孩们的骑行带有目标感，他们想要尽可能快地到达目的地。他们在一路上可能会互相开玩笑，但大多数情况他们都是独自专心骑行，朝着目的地径直前进。

女孩们的骑行则更像是漫无目的地闲逛。这个悠长、缓慢、愉快的骑行过程中的典型场景是，有一些女孩投入地聊着友谊或是关于男孩的话题；差不多每骑行一英里，就会有一些女孩一边骑行，一边放声唱着她们最喜欢的童年歌曲。女孩们骑行的目的更多的是为了建立关系，而不是为了获得达成目标的成就感。

这种不同体现了男女之间存在的深层次的差异。心理学家迈克尔·古里安在《女孩是天赐的》一书中提到了所谓的"亲密关系的必要性"，他认为这种需求影响着女孩的思维，并驱使着她们的行动。根据古里安的说法，男孩的主要追求是独立，女孩的主要追求则是亲密关系，这就解释了骑行中的男孩、女孩的行为的区别。

诚然，女孩也想要独立，就像男孩也想要亲密关系一样，但对独立的追求并不足以描述和定义她们。不妨回想一下你自己的中学时代。作为一个女孩，如果你很早就有男朋友，就说明你是朋友中的成功者，他会带给你地位和安全感。然而，对一个男孩来说，有一个女朋友既是巨大的喜悦，也会带来巨大的尴尬。他会在电话里对女朋友甜言蜜语，一旦他的朋友出现，男孩就会刻意忽视她或开她玩笑。他想要独立，她则想要亲密关系。

对女孩而言，这种对亲密关系的寻求成了生活中其他活动的背景，她们通过与周围人的联结来定义自己。她们有激情、有目标、有超脱关系以外的心灵。然而，关系始终是心灵向外延伸的基石，为女孩的生活提供了背景，为女孩身份认同的形成提供了框架。

身为女孩，最难的是什么

在准备写这本书时，我们问了所有年龄段的女孩一系列问题。其中，第一个问题是："身为女孩，你觉得最难的地方是什么？"以下是我们收到的答案。

☆ **7 ~ 9 岁的女孩：**

- 其他人嘲笑我；

- 挑选衣服；

- 被男孩戏弄；

- 被冷落；

- 父母对我大喊大叫。

☆ **10 ~ 11 岁的女孩：**

- 哭泣；

- 刮体毛、应对月经、打理发型；

- 在学校被人欺负，被人吼叫；

- 努力不说他人闲话；

- 赶不上家庭作业的进度。

☆ **12 ~ 14 岁的女孩：**

- 应对闲言碎语和其他女孩的挑剔；

- 不得不购买合适、得体的衣服；

- 为了融入小团体，只好变得不像自己；

- 担心同辈压力以及他人对自己的看法；

- 考虑该如何给男生留下好印象；

- 处理自己的情绪（尤其是在每月的那个时候）。

☆ **15~16 岁的女孩：**

- 试图融入环境；

- 担心自己的外表；

- 卷入其他女孩的闹剧——打架、竞争、想太多、闲言碎语；

- 不知道自己是否可以信任一个男人；

- 应对月经问题，以及比我的朋友更快或更慢地成熟起来。

☆ **17~19 岁的女孩：**

- 感觉因为自己是个女孩，所以必须看起来很好；

- 处理女孩之间冷漠、刻薄的关系；

- 应对（不）受欢迎和（缺乏）自尊的问题；

- 原以为男孩会使自己快乐，结果发现同年龄的男孩有多么地不成熟；

- 处理情绪问题，尤其是在经前期综合征期间。

在这些答案中，有几个贯穿始终的主题词——男孩、受欢迎程度、服饰和信任，它们困扰着所有年龄段的女孩。不过，在这些答案中，还有一个非常明显的语境，那就是关系：受欢迎程度与人际关系有关；穿什么衣服与其他人的看法有关；担心被人议论或被人闲言碎语也都和关系有关。无论具体的主题词是什么，其根源仍然是一样的。女孩花时间担心其关系，下功夫经营关系，并从关系中寻找自己的身份。

女孩的喜怒哀乐都与关系脱不了干系

我（梅丽莎）的密友妮塔曾经说，关系是发生在女性身上最好的事情，也是最坏的事情。凡是能将女性带上欢乐巅峰和悲伤谷底的事情，往往都离不开关系，喜如孩子或孙子的出生，悲如伴侣或朋友的离去。关系中的收获、损失、困难和喜悦都牵动着女性的心，这是其他任何事物都无法做到的。

三位心理学家卡罗尔·吉利根、迈克尔·古里安和莱瑞·克莱布（Larry Crabb）就女性和男性之间的差异写了大量的文章。他们以不同的方式描述了个人的主要需求，所用的词汇包括安全感和意义、关系和独立性，以及亲密关系和目的。他们的研究有一个共同的基本观点，那就是男性和女性通过不同的方式寻求满足，男性通过独立和目的，女性则通过依赖和关怀。

男性也会展现关怀并在关系中找到价值，但是他们个人满足感的获取主要与目标感有关；女性也想有所作为，也想追求独立，但关系最能吸引女性的心。这些关系有着无可比拟的力量，能够激发女性的热情、希望、恐惧和憧憬。正如莎伦·赫什所说，对于女性而言，关系毫不留情地提醒了她们是为什么而生的，以及什么是值得她们去奋斗的。

作为女性，当回顾女孩从小到大的发展情况时，我们显然能发现她们与生俱来就渴望与他人建立关系，并且能在与他人的联系中获得满足感。然而，作为咨询师，我们花了大约12年的时间才认识到这一点。

她为什么无法融入群体

在夏令营，我们负责咨询的二至四年级小组和五至六年级的小组中，大约有六个女孩是常规成员。而在初一和初二年级的小组里，我们有多达十五名常规成员。为什么会这样？因为初中阶段正是女孩对关系的憧憬逐渐浮现的时候。

早在小学阶段，女孩就渴望友谊。她们想请朋友来家里做客，也想被邀请参加睡衣派对。当她们没有收到邀请时甚至会难过流泪。她们在学校里可能还有持续一小时的"男朋友"关系。小学阶段的女孩已经在体验和投资各种关系了。

我（赛西）曾为一个早熟的四年级女孩埃琳提供辅导。在第一次谈话时，埃琳告诉我，班上有几个女孩因为她的红绿条纹的匡威高帮网球鞋而取笑她。接着，我们讨论了这些女孩可能是出于对她的嫉妒，因为她们对自己的感觉不够好，所以不敢穿与众不同的服饰。我们也讨论了与众不同确实是一件不错的事。

几周后，全班同学要为母亲制作十字绣作为圣诞礼物。埃琳的母亲告诉了我埃琳为她做的东西：大多数孩子都直白地将"我爱你"或"圣诞快乐"绣在礼物上，而埃琳则另辟蹊径地绣上了"差异就是美"这句祝福。

到了中学阶段，女孩往往不再认为差异是一种美了。对她们中的许多人来说，差异会造成一种尴尬。差异会使其与众不同，在群体中显得格格不入，会使其在中学里显得很奇怪。差异会使女孩远离关系，而关系恰恰是从初中起就高度重要的事物。

　　一个 13 岁女孩的母亲告诉我们，她的女儿艾莉森的情况与埃琳相反。艾莉森和几个朋友决定参加为非洲儿童举行的慈善徒步活动。在艾莉森决定参加后，她和母亲观看了一个介绍此次活动任务的电视节目，赞助商要求每位参与者为所属州的参议员画一幅画或写一段文字，这样美国政府部门就可以通过书面记录来了解参与者的心声。

　　艾莉森当时非常兴奋，并兴致勃勃地准备和朋友一起参加徒步活动；但是当她的母亲告诉她需要给参议员写信时，艾莉森突然就哭了起来：“不，妈妈！我的朋友们都不会给参议员写信，我不能这样做，你根本不明白。”

　　她的母亲明智地回应道：“艾莉森，你没有明白重点是什么。”就动机而言，艾莉森的善心善举更多的是社交性的，而不是出于博爱。她想参加徒步活动是因为她的朋友都参加了，而且她不想做任何与朋友不一样的事情。她的泪水与她对关系的渴望以及担心被视为异类的恐惧有关。

在美国，很多初中和高中的女孩都在与抑郁症抗争，这在很大程度上与对关系的渴望有关。内心的大坝出现裂缝，可能要决堤。这些女孩想要发展关系，而这种强烈的渴望可能让她们感觉非常不适。

为什么少女的她对关系既渴望又恐惧

"我讨厌我想要的东西。如果我可以做到不想要有人关心或爱护我，生活就完美了。"说出这样的话的女孩意识到了自己的渴望——她的大坝已经有决堤的风险，但她讨厌这样的感觉。她不想渴望任何事物和人，这也是我们许多人的反应。

这时，我们不想有憧憬。虽然女性与生俱来就渴望关系，但女孩并不希望这样。为什么？原因在于，女孩对自己在关系中的状态感到恐惧。女孩可能认为自己的渴望太过强烈了，会导致别人无法和我们相处或回应我们的渴望；也可能认为自己的渴望会带来麻烦，只因为关系过于亲密，或觉得自己的渴望根本得不到满足。这些都是女孩的恐惧，而现实和这些担忧相差无几。现实中，人们的渴望几乎不会在自己想要的时候或是以自己想要的方式得到满足。

一位高中女孩曾告诉我们："我宁可什么感觉都没有，也不想感到失望。"这个女孩对朋友全心全意地付出，关注她们，倾听她们的心声，在生活中也以罕见的方式关心朋友。同时，她也渴望这种付出能得到回报。人类不仅要给予爱，也要被爱，但她的朋友却总是做不到，就像我们身边常掉链子的朋友一样。

这个女孩是如何应对的呢？她做了一件很多女人都会做的事情：跑回大坝旁，将手指按住裂缝，试图堵住不断增大的裂缝。

女孩会这样做，女人也会这样做。一旦我们意识到大坝已经溃裂，我们就会开始试图封堵裂缝。即便水已经倾泻而出，将我们从头到脚浇透，我们仍然相信自己可以做些什么来阻止因内心渴望而带来的奔流的洪水。女孩试图处理裂缝的主要方法包括以下几种。

☆　无视裂缝：否认；

☆　填补裂缝：成瘾；

☆　拆毁堤坝：自我憎恨。

无视裂缝：否认

在一位有着美丽的微笑，并且非常友善的高三女孩和我们交谈时，我们发现她说的都是正确的事情，但在她的眼睛和声音中却透着空洞。她告诉我们，她在学校难以融入，而且大多数周末都待在家中。然而，她说这其实没有对她造成困扰。

这个年轻女孩无视了大坝上存在裂缝这一事实，她不允许自己在与朋友的关系上有更多的渴望；她也没有敞开心扉去面对与同龄男孩的关系。她只是封闭了自己的内心，把内心的真实想法藏起来了。

许多女性都这样做。我们在情感上让自己心如止水，这样就不会感到失望。但问题是，我们的快乐和悲伤是相互关联的，当我们切断失望时，也切断了快乐的可能。我们不可能在不影响其他方面的情况下使我们的心只死掉一边，即只对失望无感。因此，无视裂缝的女性，很快就会在情感上陷入沉寂。我们在试图压制渴望时，其实也抑制了整颗心。

填补裂缝：成瘾

有些女性会用其他事物来填补裂缝。在美国，对许多青春期女孩来说，这些填补裂缝的事物是具有破坏性的，如毒品、酒精、进食障碍和自伤等。她们不是去感受渴望，而是选择做一些危险的事情来消除她们的失望情绪。在第9章中，我们将更多地讨论这些内容。

这种对关系的强烈渴望会给人带来痛苦，而填补裂缝是消除这种痛苦的一种形式。问题是，这些裂缝仍会继续漏水，因此只能不断地、近乎狂热地继续填补。众所周知，毒品成瘾往往会越来越严重；每周一晚的借酒消愁也非长久之计；饱受进食障碍摧残的身体也只有越来越瘦才能达到厌食症患者心中具有吸引力的标准；自伤的伤痕也只会越来越深或者更频繁地出现。

填补裂缝只会让裂缝更深。如果没有得到及时的帮助，这些女孩很快就会走上自我毁灭的道路。而她们的情感仍然存在，只是被掩埋在了自我毁灭的灰烬之下。

拆毁堤坝：自我憎恨

我们在许多女孩身上都看到了自我憎恨的问题，实在是令人痛心。

比如，一个女孩刚刚与男朋友分手，她的反应是我们所有人都可能在生活中听到或说过的："我简直不敢相信他会这样做。他甚至在食堂里都不再和我说话了。可是，我还一直试图让他和我说话，我不知道为什么，我甚至都不知道该怎么停止喜欢他。我真是个蠢货！"

这个年轻的女孩并不蠢，她只是在遵循和追求自己与生俱来的需求——渴望关系。然而，她没有对前男友心怀不满，或是陷入分手的悲伤中，而是选择了对自己生气——她恨自己渴望关系。

自我责备总是比感受失望要来得好受些，至少责备是在自己的掌控之中。女孩宁愿拆毁大坝，也不愿看着它慢慢崩塌。

这种方法的危险在于，自我憎恨就像一个黑洞——女孩对自己越来越不满和气愤，且这种自我憎恨最终会蔓延到其他人身上。这些女孩最后会将人们推开，因为她们不相信自己值得任何人的爱。自我憎恨还会产生更多的不安全感、更多的孤立，甚至导致抑郁症。

虽然如此，我们仍要指出，一些被用于忽略或填补裂缝的方法看似具有建设性，实则不然。对于一个女孩来说，让自己沉浸在一项运动、一个领导职位，甚至一个青年团体中，都可能是在尝试填补裂缝。购物、阅读、花时间与朋友相处也可以达到同样的目的。社会对这些活动有着积极正面的看法，但这并不能掩饰这些活动也被用于填补裂缝的事实。

友谊、体育、艺术、志愿服务和学术研究都是积极的活动，是女孩生活中必要的事物。那么，对于父母来说，如何知道这些活动何时不再是兴趣，而是裂缝的填充物呢？那就是，当她不能做这些事情时会感到恐慌。就像我们听到许多青少年所说的那样，如果女孩觉得她害怕孤独，她的朋友就可能是其裂缝的填充物；如果每当她伤心或有压力时就拿起书本，而不是谈论这些情绪或是哭泣，学习就可能是其裂缝的填充物。

女孩的确需要各种兴趣爱好和可以奉献自己力量的活动，但她也需要感受。如果这些活动正在取代她的渴望，那么父母并不需要阻止她参加这些活动，但是可以和她谈谈自己看到的情况，询问她发生了什么，帮助她明白感受到这些渴望是安全的，以引导她阐述自己的真实想法。

无视裂缝、填补裂缝、拆毁堤坝，无论选择哪种方式，都只会带来更多的问题，这些进行抑制的尝试都无法带女孩接近真正渴望的事物。

该以怎样的方式理解对关系的渴望

我（赛西）在 19 岁时读了莱瑞·克莱布博士所著的《里外更新》（*Inside Out*），这本书颠覆了我的认知：我第一次知道，渴望是与生俱来的，以及我的渴望是不可能被完全满足的。读完那本书后，我如释重负。我明白了渴望没有错，失望只是这个现实世界的一部分，而且信念会满足我最深的渴望，这使我得到了释放。

女孩从开始意识到她们的渴望，并且相信这些渴望会得到满足，直至达到相当程度的成熟，并且意识到现实中没有百分之百完美的满足感，这需要她们经过几年的时间并历经很多打击。

对父母来说，我们希望女孩心怀希望、期待美好，但不要苛求完美。要知道，每段关系都会有一定程度的失望，且在现实世界里没有任何人、工作或事件会使她们得到完全的满足。明白这些可以帮助女孩卸下重担，获得心灵的自由。

唯一的或是相对更好的礼物是对于终极目标——关系的理解。

莎伦·赫什对这一真理给出了一个令人难忘的描述。她说，女孩的生活像是一条通往大峡谷的道路，沿途有许多路标。有些路标上写着"距大峡谷还有 247 英里"，有的写着"大峡谷纪念品商店在左侧 2 英里处"，有的写着"此处出售大峡谷官方 T 恤衫"。

这些路标将女孩带向通往峡谷的路，但一些女孩因为这些路标被耽误了，如坐下来休息，或是购买一件 T 恤衫，结果忘记了当初真正的方向。

她将这些路标比作女孩一生中经历的各种关系。比如，一个路标可能是一群受人欢迎的朋友，一个可能是婚姻，一个可能是孩子，另一个可能是一份回报丰厚的工作。女孩都喜欢这些路标，坐在它们下面，享受它们所提供的一切。但是别忘了，这些只是路标而已，它们真正的作用是要将女孩指向更为重要的目的地。如果在一个路标下耽搁停留，她们就可能永远也无法到达大峡谷。

女孩也可能完全错过沿途的一些路标。比如，在高中时期没有男朋友，或是成家后没有孩子。然而，在最终到达大峡谷，第一次走到峡谷的边缘时，所有那些使之停留或错过的路标都将成为过往云烟，它们将在目的地奇伟壮阔的风景中逐渐隐去。

渴望就像这些路标一样：女孩渴望关系，先是与男孩的关系，长大后是与男人的关系；她们渴望孩子，渴望历久弥新的友谊；她们也在这些关系中渴望目的。这些渴望是好的，是与生俱来的，是身为女孩的礼物，但这些礼物只是对未来的憧憬和预告。

信仰可以满足女孩最深的渴望。同时，女孩也渴望被爱，渴望安全感，渴望被了解，渴望有目标——所有这些渴望和其他的渴望都能在女孩与世界和周围人的关系中得到一定的满足。同样，这些其他的渴望是真切而重要的，将是女孩生活中深刻的快乐和痛苦的来源，却无法像关系那样满足她们。这种理解是给予女孩最大的礼物。

对于父母来说，我们对女孩的爱永远不会结束，是无条件的爱，当我们的女孩以及我们自己开始理解这种爱的存在时，就可以自由地去爱别人。

当女孩经历不会让其失望的爱时，她们就能自如地接受失望，自在地去冒险，自由地去渴望。有了完全的爱，就可以自由地被爱，以及努力去爱人，哪怕自己不够完美。

大坝确实溃裂了，女孩会像以前一样渴望关系，此时父母可以提供的是，帮助她们在精神和实践上理解自己的渴望，以及了解这些渴望最终能在哪里得到满足。

身为父母的你能为她做些什么

女孩在中学阶段会强烈地感受到自己的渴望，但她们不知道发生了什么。父母可以在此时为她们提供极大的帮助，即像上一节谈到的在精神和实践上帮助她。

首先，要帮助她知道渴望关系是一件正常的事，在关系中感到受伤也是正常的。她可能不会承认，但父母仍然可以和她谈论这些事情。为她讲述经典的故事，分享自己受伤和失望的经历，帮助她理解关系中的痛苦，以及该如何向信任的人倾诉。

另外，还要帮助女孩去结识能分享这种真理的同龄人。女孩可以在青年小组、夏令营和团体咨询中接触到这样的同龄人。当听到同龄人谈论这些事情的时候，她就可以自在地谈论这些事情了。这为她提供了另一个能在其中感到被爱和重视的场所。

其次，可以带她阅读关于女孩之间亲密无间、意义深刻的友谊的书籍和观看相关的电影，如《绿山墙的安妮》（*Anne of Green Gables*）。父母也可以和她谈论这些书籍和电影，帮助她看到她所喜爱的主人公也有自己的渴望。

最后，父母可以定期去旅行或者经常和朋友一起吃饭。父母也可以与伴侣计划没有孩子参与的旅行和约会，这有助于让她看到父母自己的关系的重要性。

如果父母不给女孩一个机会，让她来谈论她的渴望，她就会觉得自己有问题。因此，我们不仅要在交流中为她提供这种机会，还要以身作则。

父母可以以同样的方式和她们谈论信仰。正如莎伦·赫什所说，关系是"无情的提醒"，毫不留情地提醒了人们"是为什么而生的，以及什么是值得去奋斗的"。当女孩学会承认和体验自己的渴望时，她们就能开始更加享受这些渴望，并期待在无条件的爱中得到满足。

第7章

家才是女孩永远的大本营

RAISING GIRLS

我们经常说到家庭圈，但其实没有太多的"圆形"的家庭圈。有的像平行线永不相交，有的组成正方形、三角形，这些几何图形比比皆是，但是圆却相对较少。

——凯特·道格拉斯·威金（Kate Douglas Wiggin）

《凯里妈妈的鸡》（*Mother Carey's Chickens*）

显而易见，本章内容与家庭有关——包括所有的平行线、正方形和三角形。这些线条和形状指的是母亲、父亲、兄弟姐妹、祖父母、大家庭，甚至是宠物，但不一定是家庭圈中的人，也可能是女孩生活中的某个人。

家庭不一定得是完美的才可以有所作为。实际上，越是线条不完美的地方，往往蕴含着越多的生命力、激情和个性。女孩不需要完美，她们只需要一群愿意与她们并肩作战的人，关爱她们，并且帮助她们遵循天赋，成长为独一无二的自己。

母亲能为她提供最稳定的关系

随着女孩成长，她的母亲也会发生变化：起初，母亲是替女孩贴创可贴的人和牵着她的手过马路的人；然后，母亲变成了负责的拼车司机和足球场外的摇旗呐喊者。似乎没过几个星期，母亲就又进入了另一个阶段：一无所长，看似没有女儿那么聪明，对时尚、朋友或是其他孩子被允许做的事情一无所知。最后，她的智慧又恢复到了之前的水平，知道很多关于生活和关系的事情。母亲在 19 年里所发生的变化真是令人惊讶！

显然，母亲不是变形金刚，并不会真的这样改变。实际上，许多女孩都认为和母亲的关系是她们所拥有的最稳定的关系，因此母亲会成为最容易被针对的目标。其实，发生变化的不是母亲的身份，而是女儿允许她在其生活中扮演的角色。

大本营

在探索阶段，母亲是孩子身后的大本营，她代表了孩子生活中所有的安全感和底线。她是女儿一次又一次离开和返回时都会在那里等待的人。她为女儿提供探索生活的后备力量和支持。正如我们在第 2 章所提到的，女孩虽然徘徊着，但她希望一直在母亲的视线内并且得到持久的关注和赞许。

这个角色将一直是母亲与女儿关系的基础。女儿的徘徊与回归仍以不同的形式继续着，但在接下来的几年里，她们关系中的其他方面将发挥更为主要的作用。

专职司机

当女儿进入小学的高年级阶段时，下午四点到晚上七点的时间成了她和母亲一天中最忙碌的时段。家有 10～16 岁女儿的母亲没有时间在家做饭，因为她们忙着当专职司机。

许多这个年龄段女孩的母亲都告诉过我们，她们与女儿最好的对话都是在车上发生的。在这个阶段，女孩越来越不喜欢面对面地交流了，体育锻炼、辅导班和活动的好处就在此时体现出来了。这时，女孩和母亲就有了一个不受影响的中立谈话环境（那里不是需要打扫房间的家）。她们能进行轻松的对话，而不是坐下来面对面地正式交谈。这也是一个便于控制的环境，因为在那里女孩无法使用电脑或手机来逃避对话。在这种环境中，母亲可以让女儿更认真地聊一聊她的生活、学校和关系，这是端坐在餐桌旁可能永远都听不到的。尽管有时很累，但这个阶段对于女孩和她的"专职司机"来说都是宝贵的时光。

衬托者

我（赛西）之前对"衬托者"是什么意思毫无概念，直到有一个夏天，我自己成了衬托者。夏令营有一位十几岁的少女，她对我们的每一条规则都十分不满，更主要的是，她们对我这个夏令营主任心怀愤怒。对此，我们的朋友米米这样解读："她只是需要一个衬托者。"

衬托者就像是主角的敌人，其存在的唯一目的就是让主角看起来更好。衬托者和主角在任何时候都站在彼此的对立面。要我说，当衬托者可不是什么好差事。

遗憾的是，这就是大多数母亲在女儿进入青春期时的角色。如果母亲让她穿粉色的衬衫，她就偏要穿蓝色的；如果母亲喜欢她的朋友布里塔妮，她就偏要邀请玛丽来家里，诸如此类，不胜枚举。下面这段话是专门为母亲们准备的：

即使你现在觉得自己是个衬托者，你也仍然是女儿的大本营。她还是深深地爱着你。只不过，对许多女孩来说，如果她现在还像十三四岁时那样和母亲那么亲近，绝不是一件"酷"的事情。这个阶段会过去的，而且她也不是针对你。当某些晚上你在她的床边仿佛看见她从前的样子时，这会使你觉得当个衬托者似乎没有那么糟糕。她会再次成为原先那个模样。现在你需要的是享受这个过程，并且继续坚持做自己。在她身边时，你可以像个傻里傻气的孩子，带有生活气息，还可以在车里手舞足蹈（前提是她的朋友不在场，否则那将使她感到羞耻）。不过，不要随着她的改变而改变你自己，她仍然需要你做她的大本营，而大本营是不会移动的。在当她的衬托者期间，她只是需要站在你的对面，去找到自己的定位，而这个定位可能会暂时将她带离你，走向远方。

额外说一下，有一种在母亲和女儿身上的现象，被称为"时髦母亲因素"。一般来说，这个阶段女孩很难有超级时髦的母亲。正如一个青春期女孩所说："母亲就该有母亲的样子，不要穿那些看起来滑稽的牛仔裤和松垮的 T 恤。"

我们认为这并没有那么糟糕，母亲们的穿着方式完全是合适的。不过，事实也表明，当母亲和她们穿着同样时髦的牛仔裤或上衣时，女孩就会感到别扭。青春期的少女往往希望成为时尚的领跑者。这是她们身份认知的一部分，也是她们与父母有所区别的一部分。比如，我（赛西）的母亲总是打扮得时尚靓丽，但她不会和我穿一样的衣服。她会为我买时髦的服饰，我被允许有青少年的时尚风格，而她则是时尚的母亲。

尽管如此，女孩确实喜欢帮助她们的母亲挑选衣服。对母亲来说，一个建立联系的好方法就是向女儿询问你应该穿什么，或是带她一起去为你挑选衣服，这样她就会觉得自己得到了尊重。此外，尽管你们是彼此对立的衬托者，你们也能借此建立联系。

朋友

随着衬托者阶段的落幕，母亲在女儿心中重新成为一个独立的个体。母女可以再次建立关系，甚至交换想法。女孩想将母亲视为一个朋友，而不是一个权威（见第 5 章）。

然而，令人惊讶的是，母亲往往觉得这是最困难的阶段之一。这涉及更多的倾听而非说教，涉及让女儿自己犯错，但事后还要帮助她收拾残局；可能还涉及提供建议（在女儿主动要求后）。因此，这个阶段实际上是关于放手。当母亲放开对女儿的依赖时，也将会得到更多。对女儿说，母亲成为她的朋友就是她成年后最好的礼物之一。

女孩在每个年龄段与母亲玩耍的重要性

在女孩年纪尚小的时候，和她一起玩耍是世界上最自然的事情，但随着她年龄增长，这将会越来越困难。对母亲来说，她们会自然而然地发出指令和进行指导式的沟通，诸如"萨莉，你得把洗好的衣服拿到楼上去""请别把你的背包放在门口""你可以不邀请任何人，但唯独不能不邀请詹娜"等。因为母亲往往很有洞察力，有时只是碰巧在女儿附近，就难免给出指导。就父母双方而言，母亲往往是给女儿更多指导的那个人。

然而，女孩迫切需要与母亲一起玩耍。这有助于母亲保持不可预测的状态，也可以帮助女孩更加享受母女关系。一位母亲和她的三个女儿经常在厨房里随着摩城音乐（Motown Music）①跳舞。母亲可以和女儿一起跳舞，一起观看电影或电视节目，骑自行车，或是外出共进午餐。

哪怕女孩可能略显尴尬，她们也需要享受母女关系和喜爱她们的母亲。如果大本营不安全、不令人愉快，那么如何吸引她们返回呢？

父亲能成为她的教练和玩伴

在当今的文化中，父亲比以往任何时候都要换更多的尿布，在更多的球队中执教，花更多的时间陪伴女儿。我们的朋友戴维就是这样的一位父亲。他最近告诉我们关于他四岁女儿的故事。

---

①　20世纪60年代初，美国的一家唱片公司及其创造的一种流行音乐风格。——译者注

周一，孩子们因马丁·路德·金纪念日（Martin Luther King Jr. Day）①而放假在家。我们花了很多时间来讨论这个人，以解释我们为他的生平事迹举行庆祝活动的原因。我们还阅读了一本关于多元化的好书，并且计划通过参加游行来帮助孩子们了解马丁·路德·金的生平及其影响。

后来，我的女儿莉莉和她的姑姑一起回忆起这些活动。莉莉告诉姑姑，庆祝活动的主角告诉世人，无论人们的肤色如何，你都应该爱他们。她接着说，隔壁邻居切尔西的皮肤看起来像巧克力，我们的朋友妮科尔小姐的皮肤晒得像花生酱（孩子们的比喻自然地与食物有关），她又说自己的皮肤像棉花一样白。她的姑姑回答说："莉莉，我喜欢你对这个问题的理解。"

虽然四岁的莉莉混淆了一些事实，但她还是从父亲那里学到了一个非常重要的道理。戴维是一位明白自己在女儿生活中的重要角色的父亲，并且他不止扮演一个角色。他正在利用这些角色呼唤出莉莉独特的天赋，帮助她成为独一无二的自己。

玩伴

父亲往往是女孩成长早期拥有的第一个也是最好的玩伴。他将她托起在空中摇晃，让她踩着他的脚趾跳舞，还会装模作样地发出

---

① 美国联邦法定假日，为纪念为美国黑人争取平等权利的民权运动领袖马丁·路德·金诞辰，每年一月的第三个星期一为其纪念日。首个官方的马丁·路德·金日为 1986 年 1 月 20 日。——译者注

可怕的声音。父亲有一种自然的能力，让自己与女儿一同玩乐，享受与女儿在一起的时光。反过来，这种乐趣也有助于女孩在父亲的关爱中感到安全，并且玩得很开心。值得庆幸的是，在今天的文化中，父亲在女儿日常生活中的参与度比以往更高。他们承担着众多的角色，但最好的角色之一仍然是玩伴。

就像母亲的"大本营"角色一样，父亲作为玩伴的角色会一直存在于女孩和父亲的生活之中，并且这个角色的重要性也不会随着女孩年龄的增长而减弱。

教练

在冒险阶段，父亲不仅为女儿带来开心和愉悦，还为她带来冒险的感觉。他向女儿介绍需要更大勇气来参与的新活动，而这些活动往往需要两人进行一定程度的互动。通过教女儿打垒球，带她们去远足和在她们的篮球队执教，带女儿玩白水漂流①和骑马，父亲可以帮助女孩学会承担风险。我（赛西）的父亲曾教我跳摇摆舞，他称自己的舞姿为"阿肯色州推拉舞"，还带着我开船去钓鱼。

父亲有一种近乎不可思议的能力，可以在带女儿进行新活动的同时，让她们也乐在其中。父亲帮助女儿在自信心和勇气上不断成长。

然而，对许多女孩来说，这种玩耍和指导会随着青春期的到来而戛然而止。

---

① 这是一种水上泛舟漂流。"白水"指水流和岩石撞击产生的白沫。——译者注

青春期的危机

　　一位父亲曾因与妻子和他们 13 岁的女儿相处困难前来接受咨询。他说，妻子的感情不断被女儿的拒绝所伤害。

　　第二周，他的妻子来了。我们关切地询问了她女儿的情况。她的回答是："噢，我还可以，虽然我已经厌烦她的态度，但我感觉还行。只是，她父亲的日子却不好过。"

　　事实上，这种情况在家庭中经常发生。随着小女孩的长大，她们的身高已经超过了父亲大腿的高度，身体更像女人而不再是小女孩的身形。身高和体型的变化同时发生，结果就是父亲常会产生复杂的情绪——既觉得失去了原先的小女孩，又对现在生活在家中的这个新的青春期生物感到不适应。

　　有时还会产生另一种后果，那就是父亲的不适应演变成为女儿的痛苦。也就是说，因为父亲手足无措，所以他们就拿女儿开玩笑，揶揄女儿正在发育的身材或她们的体重。父亲的本意是好的，他试图开启话题和女儿沟通，最终却使女孩对自己和自己的身体感觉更糟糕。

　　尽管如此，父亲在女儿的青春期中扮演了一个更加重要的角色，那就是帮助她引导出她身上的女性气质。女孩不想再握住父亲的手，但她仍然需要他。她需要父亲帮助她感到作为女人会得到重视，向她展示何为尊重女性，并且继续和她联系。

　　下面是专门为父亲们写的话：

作为父亲，你的女儿在进入青春期时仍然需要你，甚至可能比之前更加需要。对于父亲来说，这会是一个痛苦的时段。她看起来可能不再像是一直以来的那个"爸爸的乖女儿"，但那个小女孩仍然在她心里的某个地方，只是潜伏了起来。

在这个混乱和令人费解的时期，相信你可以为你的女儿做几件具体的事。作为男人，你比她生命中的任何一个人都具有更为独特的能力引出她的美好——更内在和深层的美。当看到她善待朋友或温柔对待动物时，可以告诉她，她是美丽的，并且鼓励她。这时，你就触及了她内心正在萌芽成长的女性气质。

你也可以继续和她有亲切的身体互动，哪怕她会跑开，甚至为此感到尴尬，但这都是青春期"诡计"的一部分。虽然让身为父亲的你做这些可能会令你难为情，但她仍然喜欢这些互动——即使她表现出相反的样子。当你坐下时，你可以用手臂环住她的肩膀；当你进入一个公开场合时，你可以伸出手臂让她挽上。这种身体上的亲密互动有助于使她感到被关心和被重视。

你的女儿会通过向你看齐来决定她想嫁给什么样的人，以及婚姻关系应该如何。如果你和她的母亲仍保持着婚姻关系，那么她需要看到你对她母亲的重视。这样一来，你不仅能帮助自己的女儿了解相爱的关系是什么样的，还有助于增加她的安全感。

随着你的女儿进入青春期，要找到和她联结以及建立关系的方式会难上加难，但请不要停止尝试。你可以教她跳舞。如果她对你们曾经一起做的冒险活动已经失去了热情，那你可以带她去攀岩。你还可以带她去购物或是外出吃饭。随着年龄的增长，你还可以教她开车。女孩们告诉我们，她们喜欢和父亲一起开车。你也可以带着她一起洗车，教她如何更换漏气的轮胎。其实，有很多的方法可以与长大了的女孩交流和联系，只是需要你发挥更多的创造力。记住，女儿与你拉开距离并不是在拒绝你，而是在沉淀自己，这是自恋阶段的特点。她仍然是"爸爸的乖女儿"，只是被大量的化妆品和护发产品掩饰了！

共鸣板

当女孩与母亲拉开距离时，她往往会向父亲靠拢。这对女孩来说是有益的，因为她正在学习将自己与母亲分开，并更多地向父亲靠拢。女孩需要一个共鸣板——当觉得"妈妈完全不公平"或"她根本不了解我"时，她可以去找另一个人倾诉。女孩肯定会有这样的时刻。这时，父亲能够倾听并温和地指出现实情况，以及她与母亲的关系。

尽管如此，父亲作为共鸣板的角色也可能是破坏性的。我们认识的一位女性，她年轻时用了所有的典型方式和母亲斗争。当她沮丧时，她会跑去找父亲，可他却这样回答："我知道你的妈妈可能很不公平，她有时也让我有这种感觉。"这样一来，她对母亲的态度只会更糟糕。越是如此，她就越会与父亲一样——对母亲产生误解，从而让母亲成为"有问题"的人。这给了这个女孩太多的权力，并逐渐侵蚀了她对母亲仅存的尊重。

要想当一个积极的共鸣板，她的父亲可以说类似这样的话："亲爱的，很抱歉你感觉受伤了，我知道现在你感觉很糟糕。"然后，停顿一会儿再说："你觉得妈妈到底在对你说什么？你确定她完全不理解你吗？我们一起想想，妈妈为了更好地理解你而努力做了哪些事情？"

在第二种回答中，父亲仍然在听女孩说话，并且听到了她的观点，但也知道她的想法是孩子气的。他正在向女儿表明关于她母亲的真相。

对于父亲和母亲持有不同意见这件事，女孩有一种可以找到这些差异的缝隙并加以利用的神秘能力。她们可以迅速学会操控父亲。因此，即使父母有分歧，女孩也需要看到父母站在统一的阵线上。父母要互相支持，然后关起门来，避开年轻的耳朵和眼睛，私下讨论不同的意见。

纪律执行者

我差你们去，就如同羊进入狼群，所以你们要灵巧像蛇，驯良像鸽子。

在《通往少年心灵的后门》一书中，我们经常在教育青少年时谈到这句话。这对所有人都适用，父母需要有蛇的智慧——精明、觉察，还要夹杂些威慑力；也需要如鸽子般的温驯——仁慈、同情心和温柔。

然而，最常见的情况是，父母中的一方扮演鸽子的角色，另一方则扮演蛇的角色。想象一下，一个女孩将蛇类型的一方父母和鸽子类型的另一方父母对比时会产生什么感觉？这好比一个唱红脸、一个唱白脸的情形，虽然警察在审讯时可能会使用这种策略，但我们不认为这是一个非常有效的育儿技巧。

女孩需要父母双方都能既温柔又睿智，但在青春期时，父亲往往需要拥有蛇的智慧。在青少年时期，女孩和母亲有冲突是很自然的。因为母亲通常是那个看到衣服被乱丢的人，也是那个首当其冲面对女儿无礼态度的人，所以母亲也往往是"红脸"的角色。在这种情况下，我们提醒父亲可以更多地扮演纪律执行者的角色，这对他的妻子和女儿都有帮助。

女孩需要并且确实渴望她们的父亲有力量，且带着力量和同情心来和她们相处。因为这有助于女孩感到安全、受到关怀，并且将父亲视为既强大又关爱她们的人。

我们想说的是，即使女孩没有和父亲生活在一起或者没有和父亲建立关系，也仍然可以学习到这些关于男人和父亲的真理。如果你的前夫或丈夫没有介入女儿的生活，就请帮助她在其他地方和男性建立安全的、鼓舞人心的关系，比如青年小组主任、营地辅导员和教师等。此外，叔叔、舅舅、祖父和其他亲密的朋友也可以介入并填补重要的角色。归根结底，女孩生活中需要这样的男性角色，而死亡、离婚或是疏忽的父母都不应该成为女孩被爱的障碍。

兄弟姐妹能让她发现自己

几乎所有年龄段的女孩都告诉我们，她们生活中最令人沮丧的部分之一就是她们的兄弟姐妹。原因主要与年龄有关——弟弟和妹妹"很烦人"，而哥哥和姐姐则"不希望我在旁边"。无论年龄或性别如何，兄弟姐妹有时似乎的确是造成女孩别扭的"祸根"。

不过，众所周知的是，真相并非如此，就像一个高中女孩告诉我们的那样："我和兄弟经常吵架，但我们其实彼此关爱。"

兄弟姐妹有一种能力，既是对方懊恼的发泄出口，又是对方最热心的维护者。经常有女孩对我们说："只有我可以对我的姐妹（或兄弟）说这些话，其他人不行。"这是因为，在所有的打闹和争吵后，他们还是真心地在乎彼此。

兄弟姐妹对女孩的生活有积极的影响，他们有独特的能力帮助她建立自信和确定自己的身份认同。

建立自信

信心通常是在成功和鼓励下建立起来的，但摩擦和冲突也可以建立自信。有一年夏天，我（梅丽莎）在夏令营中给女孩们介绍了一个许多人闻所未闻的词——"人格力量"（moxie），其定义是"勇气和创造力的结合"。在女孩的生活中，没有什么比兄弟姐妹更能培养她们的人格力量了。

当她在饭桌上与姐妹抢夺说话的时机时，她就会产生勇气。当她试图用智慧比兄弟更快地拿到车钥匙时，她培养了创造力。勇气和创造力将帮助她学会为自己发声，维护自己。当她与兄弟姐妹在合理程度上发生争执时，她就学会了为她想要的东西以及她认为重要的东西挺身而出，从而让她发现自己是谁。

发现身份

在有兄弟姐妹的家庭，如果老大是个运动员，那么老二往往会是个艺术家；如果老二是个"学霸"，那么最小的孩子可能是个社交达人。女孩喜欢成为独立的个体，而不是兄弟姐妹的复制品。不过，这并不意味着家中不会同时有两个艺术家或运动员，但在大多数情况下，每个孩子都希望以自己的方式绽放才华，发展属于自己的身份认同。

在梅丽莎的家里，一个孩子是作家，一个是医生，另一个是咨询师。赛西的家庭则更像是一个例外，赛西的妹妹和赛西惊人地相似——这是因为两人之间有 16 岁的年龄差，因此两人更像是两个独生子女。兄弟姐妹之间的年龄差异确实会影响这种角色选择。

兄弟姐妹会在家庭中进行自然的、健康的竞争，女孩借此学会了在不同的领域中发现自己的优势，也学会了分享、自我防卫，甚至是进行更多的冒险。但重要的是，父母需要对兄弟姐妹之间的防卫和冒险程度保持关注和察觉。

对女孩和她的兄弟姐妹来说，如果父母不是总能在冲突发生时介入"灭火"，那就将有助于她们学会解决问题。然而，这种解决问题的方式有时也会变得具有破坏性。如果孩子们发生过激的肢体冲突，或者一个孩子对另一个孩子发表了伤人的评论，那父母肯定需要进行干预了。在兄弟姐妹一起成长的过程中，他们有很多东西可以提供给对方。但因为他们仍然是孩子，所以有时需要你的帮助，帮他们了解什么才是和对方一起成长，而不是互相拆台。

祖父母能为她搭建"避难所"

祖父母是女孩生命中巨大的礼物，我们都对祖父母有着非常美好的回忆。梅丽莎的祖父母教她信仰、制作美食，还教她女性的力量。赛西的祖父母教她享受生活，以及成为一个有个性的女人意味着什么。

现在，越来越多有勇气的祖父母代替孩子的父母来抚养孙子女。在大多数情况下，祖父母可以享受孙子女带来的欢乐，又无须进行所有烦琐的管教。正因为如此，祖父母能够在女孩的生活中带来包含精神力量、安全感和喜悦的礼物。

精神力量的礼物

> 一位朋友最近告诉我们，在她的成长过程中，她觉得自己的祖母是"最棒的"，她喜欢在祖母身边，并发自内心地尊重她。在高中，她的一个闺密遇到了麻烦，于是她去找她的祖母求助。"我最好的朋友告诉我她怀孕了。我不知道该怎么做或怎么说。我知道我不能告诉妈妈，因为她会非常生气。所以我去找我的祖母，我问她我应该对朋友说什么。祖母告诉我，我什么也不用说，只需开车送她去医院。"

这位朋友一直用行动和精神力量回应着他人的需求，这是她从祖母那里得到的礼物。

总有些时候，孩子会觉得无法与父母交谈。这时，有愿意倾听并提供智慧建议的祖父母，对女孩而言有着无法言喻的价值。

安全感的礼物

> 我的祖父母是我生活中的无价之宝，他们家是我的另一个避难所。
>
> —— 一位女孩

女孩需要自己家以外的安全场所。当她伤心难过时，最好的事情莫过于和祖父母一起过夜，被爱、温暖和家常菜包围。当她对父母中的某一方生气时，祖母可以用一些幽默感来帮助她更多地了解父母人性的一面，而不会减弱她对父母的尊重。

当然，并非所有的祖父母都能成为避难所。有些祖父母正在适应自己的衰老或是生活问题，这导致他们无法成为孙女的安全出口。然而，如果祖父母可以提供稳定感和体贴、温暖和同情，以及为孙女提供一个可以退守的"避难所"，那么这个女孩就能获得一种现成的安全感和联结，这是非常重要的。

喜悦的礼物

赛西从未听到祖母直呼她的名字。直到赛西 30 岁时祖母去世，她都叫赛西"甜心宝贝"，这对赛西来说是一个令人愉快的礼物。

梅丽莎记得有一次她的祖母和外祖母都专程到大学里听她演讲。结束时，她们没有说太多，但足以让梅丽莎知道她们为她感到自豪。

最近，明日之星准备购买一幢房子用作新的办公室，我们需要将土地使用目的由住宅改为商业。在改变前，我们必须先和一群愤怒的邻居协商会谈，他们中的大部分人要么曾就职社区大学，要么多少和社区大学有一些关联。

就像平时那样，明日之星的孩子们很快就参与进来了。其中一位女孩对我们说："我的祖父在那所学校的董事会工作了很多年，我会给他打个电话。我知道，如果我向他请求，他就愿意来参加会议，并且为你们争取一下。他愿意为我做任何事。"

我们认识的许多女孩都会对她们的祖父母有这样的评价。她们是祖父母的掌上明珠，或者祖父母认为她们不会做错事。当她们提及这些时，她们虽然会露出翻白眼的神情，但这和提及父母时的白眼是不同的，因为提及祖父母时她们的脸上总是带着微笑。

祖父母会让女孩有这种反应。虽然当祖父母享受孙女的陪伴并展现喜爱之情时，女孩常常会表现得很尴尬，但是祖父母对她的喜爱有助于她感到自己是令人喜爱的。她喜欢祖父母喜爱她并因她而高兴的事实，她也需要他们这样做。

宠物能唤起她的责任和柔情

这个问题可以写一本书。事实上，在我们写作时，陪伴在我们身边的是赛西 13 岁的名为诺埃尔的马尔济斯犬、梅丽莎 9 岁的名为莫拉赛斯的英国古牧犬，还有一只 11 岁的猫帕蒂。这两只狗是我们咨询工作的伙伴。我们坚信宠物在女孩和我们自己的生活中的力量。

我（赛西）告诉过许多正在着手离婚事宜的家庭，他们的女儿需要一只宠物。因为在我收到诺埃尔的时候，我的父母正在办理离婚。诺埃尔一直都是无条件爱着我的朋友，教会了我责任，并唤起了我内心的无限温柔。

无条件的爱

对每只宠物狗的主人而言，狗尾巴无疑是个令人愉快的惊喜。哪怕莫拉赛斯没有尾巴，它也会摇晃屁股。在主人说话、面带微笑或者进家门时，它的尾巴就会晃动。宠物是爱的传递者，它的爱没有任何界限，这种爱对女孩的好处是不可估量的。

女孩可能是冷漠和刻薄的，她们的关系可能是善变和不一致的。在某些时候，每个女孩都会感受到来自这类友谊的刺痛。

因此，对于女孩来说，在学校经历了特别痛苦的一天回家后，如果有一只摇着尾巴、舔舐她、汪汪叫着的小狗，她的灵魂就可以得到一些抚慰。其他动物也能起到同样的作用。无论宠物是犬科、猫科，还是其他种类，能有一个忠实伙伴来向女孩提供无条件的爱是非常宝贵的。

责任感

宠物在女孩生活中带来的最显著的好处就是责任感。养宠物需要时间和注意力，而许多女孩在想要养宠物时往往还没能考虑到其中所涵盖的每件事。

让女孩帮助照顾家里的宠物有助于她学习承担责任。也许照顾宠物对她而言是一种特别优待，因为她可以借此向父母表明她能负起责任。当她帮忙照顾宠物时，她也学会了什么是关怀，从而和宠物更加亲近。

温柔

随着女孩进入青春期，她们可能难以像以前一样温柔地表达，这时的她们可能对父母的爱感到不适，会觉得尴尬和害羞。但即使是最坚强的女孩，宠物也有能力唤起她内心的柔情。

不愿与父母交谈的女孩会对着她们的猫说话；女孩会想和自己的宠物小狗依偎在一起，或是在伤心时抱抱它们。不管是刺猬（我们确实认识一个养刺猬的女孩）、鱼、鸟，还是猫或狗，宠物都为女孩提供了精心养育和照顾它们的机会。当女孩被青春期的冷漠和麻木遮蔽时，照看宠物能帮助她们与发自内心的温柔保持联系。

失去宠物是一件非常痛苦的事情，但即使在失去的时候，宠物也会继续教给女孩关于爱的真谛。当女孩追忆宠物时，恰恰能表明宠物在她们生活中的意义。这种意义使她的爱心得以彰显，也能帮助她在经历成长危机时感受到关怀。

大家庭能为她发声、撑腰

一位 14 岁女孩的母亲问我（赛西）："女孩们通常需要在这里接受多久的咨询？"

"嗯，这得看情况。有些女孩在经过几个月的个人咨询后就解决了问题，有些女孩来到这里后加入一个小组，可能长达几年。不过，这并不是说女孩必须长期参与，更多的是取决于你和她的需求。"

"是这样的，我们需要长期的咨询。我希望有人在她的生活，也在我的生活中帮助我，直到她去上大学。我自己一个人应付不来。"

在这个简短的对话中，这位母亲的话说明了大家庭的作用。大家庭的成员包括阿姨、姑姑、叔叔、舅舅、干爹干妈、像家人那样的朋友、咨询师、青年导师和其他亲戚等，只要是经父母挑选过值得信任的人，就可以让他们参与女孩的生活。

像祖父母一样，大家庭的成员能发出另一种声音——既在女儿的生活中发声，也对父母的生活发声。

为她提供另一种声音

女孩并不是因为咨询师的学历或者觉得咨询师是专家而倾听咨询师的声音。女孩之所以听咨询师的，只是因为这是一种新的声音。

作为咨询师，我们并不是那个多年来一直叫她们去打扫房间或要求她们在规定的时间内回家的声音；我们的唯一目的就是鼓励那些前来咨询的女孩，并挑战她们的想法，然后将她们送回家中。

事实上，我们对女孩所说的话和父母说的相差无几，但因为我们是一个新的声音，所以这些女孩就听到了我们。

父母想要也需要有其他的声音进入女孩的生活。这些来自其他人的声音不仅可以鼓励女孩，也能直接从正面教育她们，而这往往是女儿不允许父母做的。大家庭有助于强化父母试图引入女儿生活中的美好品质和信念，也能阻止负面个性和想法的产生。

随着年龄的增长，女孩需要选择其他的声音，她们也将会这么做。她们会选择其他成年人作为榜样，然后赋予他们在自己生活中的发言权。尤其是当女孩进入青春期时，她会开始认为自己的身份与父母的身份是分开的，因此与其他成年人建立联结将有助于实现这点。

为你提供另一种声音

女孩需要其他的声音，父母也是如此。原因不是父母知道的不够多，而是因为当局者迷。

大家庭的成员并没有和女孩住在家中，没有养育她，所以他们会有客观的看法。向你的姐妹、母亲或朋友寻求帮助，这并不是承认自己在养育孩子上失败了，而是让自己明白不能"只见树木，不见森林"。

其他人的声音可以帮助父母知道在哪些时候可能太像蛇或鸽子类型的父母。其他人的声音可以帮助父母设定睡觉时间和回家时间的参数。当父母因为女儿备感挫折时，他们还可以帮助父母看到哪些其实是你自己的问题，而不是她的。

通常来说，生活中存在其他声音可以帮助父母从养育孩子的恐惧中解脱，变得更自信和理智。他们可以帮助你主动回应，而不是被动回应。不要害怕寻求帮助。这将有助于父母解放自己，做更真实的自己，以便更好地帮助女孩发现自己。

母亲、父亲、兄弟姐妹、祖父母、宠物和大家庭都在女孩的生活中发挥着重要的作用，他们是与你并肩作战的团队。随着女孩一步步成为独一无二的自己，他们将是她的教练、啦啦队队长和粉丝。

第 8 章

女孩男孩排排坐

RAISING GIRLS

"马瑞拉，"过了片刻，她（安妮）问道，"你觉得我在亚芬里会交到一个知心朋友吗？"

"一个——一个什么样的朋友？"

"一个知心朋友——一个亲密的朋友，你知道，一个可以倾诉衷肠的真正朋友。我一直梦想着能够遇到她。"

——L . M . 蒙哥马利（L.M.Montgomery）

《绿山墙的安妮》

女孩、男孩、女孩、男孩，排排坐。

这不仅是一个晚餐聚会的排座表，也是一个在成长过程中的女孩的大脑里发生的事情。一位年轻女性最近告诉我们，她的前半生都专注于寻求自己重要的"另一半"——可以是最好的朋友，也可以是男朋友，性别并不重要。她寻寻觅觅，从一个女性朋友到一个男朋友，再从另一个女性朋友到另一个男朋友——她只是在寻找一个同类，一个让她有归属感的人。

这种类型的关系很重要，对女孩的生活尤为如此。她想要有归属感，想要有一个家人之外、会将她视为"自己人"的人或者地方。这些人可以是朋友或男朋友，也可能两者都是。

在女孩的成长过程中，与其他女孩和男孩建立关系是不可或缺的，他们是帮助女孩成长的里程碑。不过，这其中也存在着固有的回报和风险。在本章中，我们希望深入分析这两个方面，并为父母提供实用的观察视角，以知悉当女儿踏入暗藏危机的关系泥沼中时，什么会有所帮助，什么会造成负面效果。

与女孩建立友谊的回报

友谊带来的回报足足可以写一本书——实际上，很多书籍都已经强调过这点。朋友可以帮助女孩学习忠诚和同情等品质，帮助她们发现自己是谁，以及学会如何与人相处。朋友是她们在家庭之外学习什么是给予爱和接受爱的第一个机会。

在本节中，我们将重点讨论友谊的三个方面——安全感、影响和表达，它们有助于引出你的女儿更多真实的自我，并帮助她更加自如地面对真实的自己。

安全感

高三学生玛丽昂在一次由熟人介绍的初次约会中参加了返

校节①。虽然自己学校的返校节也在同一晚，但是她参加了约会对象的返校节。他们和朋友吃了一顿丰盛的晚餐，然后去了舞会。到达后几分钟，她的约会对象就不见踪影了。大约半小时后，她终于找到他了，他正在和刚分手的前女友一起跳舞，这可不是个恰当的行为。玛丽昂深为震惊并决定离开，但是她在离开前对约会对象说清楚了她为什么不会和他一起回家。

谈到随后发生的事情，玛丽昂是这样说的："我直接开车回家了。我哭了几分钟，然后我觉得这简直无法理喻。那是他的返校节，现在我也不在乎那个人了。我还有一群朋友，她们在我自己的返校节上玩得不亦乐乎，我也要去。我知道我找到她们以后就没事了。"

玛丽昂勇敢地开车去参加自己学校的返校节舞会了。她找到了自己的朋友，并放松自在地跳了一晚上的舞。

这是安全感的写照。玛丽昂的内心在第一个返校舞会上受到了伤害，所以她回到了一个她知道属于自己的地方——她自己的朋友圈。

男孩可能是刻薄和伤人感情的，女孩常常也如此。女孩需要一个感到安全的地方，一个她可以去并且知道自己会被接受的地方。

女孩可能已经在学校有了这样的朋友，她也可能很害羞，难以

---

① 1910年10月14日至15日，美国伊利诺伊大学举行了第一次校友返校节（homecoming），这开创了一个新的传统，以后发展为美国各大学和中学每年一度的盛大节日。返校节通常在每年秋季开学后不久，是一年一度的校友集会。校友从四面八方汇集到母校，表达对母校的忠诚。学校会举行各种表演和舞会，各学生团体积极参与，欢迎和招待校友回母校。——译者注

建立这样的友谊。如果是后一种情况，她可能就需要父母的帮助。父母可以带她参加青年小组和团队运动，帮助她加入学校的一个俱乐部，帮她找到一个能给她带来安全感的团体。这样的团体将帮助她逐渐成为她本应成为的人，享受自己的真实状态，并缓解青春期特有的不安全感。

影响

20多年前，我（梅丽莎）基于"孩子们彼此影响"这一认知创办了明日之星，我到现在仍然相信这句话。与来自成年人的声音相比，孩子们听到的来自同龄人的声音要大得多。在小组咨询中，我可能反复提过同一件事，但如果这件事是从他们的一个朋友口中说出来的，他们就会对朋友的智慧感到震撼和惊奇。

父母可以将这一真理为己所用。孩子会受同龄人的影响，无论好坏。不过，父母还是需要帮助她找到学校俱乐部，遇到一个能带来安全感的团体。

我（赛西）经常告诉父母，女孩不惹麻烦的原因有三：（1）她们心存敬畏；（2）她们有一群不惹麻烦的朋友；（3）她们害怕受到惩罚。有时三者都有，但很多时候只有其一。

我（赛西）在高中时是一个相当"好"的孩子，大部分原因与我的一群朋友有关。我们共同致力于做我们认为正确的事情，哪怕并不总能做到。这种共同致力于做一件事的承诺，比父母的鼓励甚至禁足的威胁能更好地帮助女孩应对同辈压力。

同样地，如果女孩还没有一个能产生联结的地方，那么父母就帮助她寻找吧。如果父母看到她与那些可能无法带来积极影响的女孩在一起，那么就帮助她去认识更积极的女孩。这可能很困难，但不要放弃。只要在对的地方寻找，她们就在那里。

卡罗琳是她在学校的朋友圈里唯一不喝酒的女孩。除了有毅力和勇气去坚守自己的信念，她还有一群在每周四晚上和她见面的女孩鼓励着她。

表达

16 岁的佩奇非常害羞。在任何有同龄人的环境中，她都会尽全力让自己"隐身"（这往往有效）。由于她是如此安静，所以她的很多想法都被深埋心底。

佩奇 18 岁的哥哥查尔斯是家里的"混世魔王"。他经常在家里大吵大闹，让父母的生活难上加难；他咆哮，乱扔东西，对佩奇充满敌意。

佩奇却从来没有说过一句反对她哥哥的话。一方面，她的父母担心查尔斯的行为伤害了佩奇；另一方面，他们担心佩奇认为所有的哥哥都是这样的。

因此，她的父母把她带到明日之星，更不顾佩奇的反对将她带进一个小组。有一天晚上，小组讨论了关于兄弟姐妹的话题，恰好有几个女孩的哥哥姐姐也都很难缠。

几个女孩谈到她们家中的"战火纷飞"、她们对父母的关心，以及对兄弟姐妹的忠诚，佩奇在听到这些后，脸上露出了紧张不安的神色。

"这和查尔斯简直一模一样，我之前一直不知道该如何说这些事。我讨厌他伤害我的父母，但他是我的哥哥，我什么也做不了，只能爱他。"

　　小组里的这些女孩能够理解佩奇的处境，这让她觉得可以自由地敞开心扉。她们还将她多年来内心尘封的痛苦和困惑用语言表达出来。这些女孩们帮助佩奇完成了她自己无法完成的任务。

学校和社区也可以让女孩有机会谈论她们的难题。

安全感、影响和表达是一群朋友能够为女孩带来的三个最重要的回报。朋友帮助她成为自己，让她自由地成长为独特的人。

与女孩建立友谊的风险

　　人际关系是发生在人们身上最好和最坏的事情。同样，关系也将是女孩最大的快乐和痛苦的来源。

　　现在，来看看与女孩建立友谊会出现的三个风险，即会给她们的生活造成痛苦、使她们挣扎于其中的三个方面——遇到刻薄的女孩、建立依赖性的友谊，以及对同性产生好感。

刻薄的女孩

　　电影《女孩梦三十》（*13 Going on 30*）和《贱女孩》（*Mean Girls*）都深刻地刻画了许多当代女孩的生活状况。曾经也有一个青少年让我（赛西）去观看电影《贱女孩》，她说："这就是我的生活。"

　　作为成年人，我们看了这些电影后不免会想："这太可怕了。我的女儿可千万别经历这些。"她可能不会有那种程度的遭遇，但她可能会在 10～16 岁经历其他女孩某种专横和严苛的对待。

父母该怎么做？如何才能防止它发生？经验是，你无法防止。因为防止女儿被其他女孩伤害的唯一方法，就是让她远离其他女孩，而这是不可能的。

那么，还有什么其他选择吗？值得庆幸的是，许多学校都已经意识到了女孩之间的关系可能带来的风险。比如，纳什维尔的一所小学举行了一个宴会，设计出承诺不欺负他人的骑士和公主角色来教育孩子们；学校的心理辅导员们也和女孩谈话，帮助她们解决问题并培养同情心。在文化上，我们也透过媒体对女孩友谊的描述看到了积极的影响。

然而，现实却是，尽管进行了预防和教育，有的女孩仍可能很刻薄，你的女儿仍有可能受到伤害。这时，你需要回归到父母的角色，发挥父母的作用——为她提供一个安全的港湾，使她感受到无条件的喜欢和爱。当她不知如何用语言表达时，你要注意观察她有可能受伤害的迹象，如上学前的胃痛，在某些孩子面前表现的害羞，还有参加社区活动后的头痛。

一位青少年的母亲告诉我（赛西）："每当卡丽和某个朋友闹别扭时，我总是能看出来，因为她就会变成家里的讨厌鬼。"无论她的迹象是身体上的还是情感上的，她都在以非语言的方式告诉父母。父母可以问她问题，给她机会诉说这件事，并给她足够的时间来表达。记住，不要强迫，要邀请她开口说话。

父母也可以先让她试着自己处理，如果冲突不断升级，父母就需要介入了。同时，父母还可以给老师、学校辅导员，或是任何一个能够提供帮助的成年人打电话。

你的女儿与其他女孩发生冲突和矛盾，有些摩擦可能会使你惊惶不安，有些可能会让你想去找对方算账。不过，你的女儿最终都会安然度过，你可以帮助她理解这点：那些为人刻薄的女孩其实只是缺乏安全感、嫉妒心强，而你的女儿一定是一个很好的人，才会招致她们那么多的嫉妒。

依赖性的关系

青少年和年轻人在经历了巨大的痛苦之后，往往会产生孤独感。而在寻找解决问题的办法时，人们倾向于建立要求很多、且常常是令人精疲力竭的友谊。

——亨利·卢云（Henri Nouwen）

《爱中契合》（*Intimacy*）

小组里的一位高三学生讲述了一段与亨利·卢云上述这段文字所描述的相差无几的友谊——令人精疲力竭、要求很高，而且具有依附性。在她说话的时候，我（赛西）看着房间里的其他女孩，她们似乎都感同身受。她们都是高二和高三年级的学生，我问她们，有多少人曾经有过这种依赖性的友谊——所有人都举起了手。

女孩们不仅会刻薄，还会在关系中倾注了强烈的感情。女孩和女人经常将亲密关系和强烈的感情混淆。这意味着，在一通长达四小时的电话中，如果对方哭泣不止，那么女孩可能会让父母立即带她去朋友家，因为对方很难过。父母会看到她被其他女孩消耗情感，或是其他女孩被她消耗情感。这是女孩友谊演变过程中的一部分。

> 青春期少女埃米莉的母亲因为女儿与其最好的朋友互动时的行为方式而担惊受怕，她这样描述道："她经常来我们家。她会留下来吃晚饭并留宿。她们想一直在一起。当她们在一起时，她们不断地说着悄悄话。有一天晚上，她们紧挨着坐在沙发上，盖着同一条毯子。"

这位母亲担心她的女儿卷入同性恋关系，但女儿并没有。事实上，在美国可能已有许多父母看到过自己的女儿也有同样的行为。女孩感情充沛，她们很黏人，害怕孤单——她们往往试图用关系来填补任何空虚。这就是女孩的天性。

当小组中的女孩谈到她们的依赖性关系时，我问她们，如果她们的父母试图阻止这段友谊，她们会怎么做？每个女孩都说，这只会将她们推向那个朋友，而不是离开她。根据这些女孩的说法，她们必须通过不健康的关系才能明白什么是不健康的；她们不得不亲身去体验一番，才能学会处理不健康的关系，并做出改变。这些都需要亲身经历。

然而，情况并非总是如此。女孩可能因为过于喜欢讨好别人而无法让自己摆脱糟糕的处境。但只要她到了一定年纪，父母就可以让她先试着去解决，如用"后门"的方式（见第 5 章），问她认为自己和朋友之间发生了什么，以及是否有让她感到不舒服的事情。父母还可以请她说说觉得该怎么处理，然后让她试一试。如果她无法应付，父母可能就需要提供帮助。

如果女孩处在初中阶段或高中的初期，父母可能就需要更早干预。父母需要和她谈谈这个问题，帮助她理解父母对某段依赖性关系的担忧，然后可能不得不采取一些措施去结束那段友谊。

对同性的好感

在之前的年代里，女孩们有自己崇拜的对象，有自己所尊重和钦佩的年长的女孩，甚至会模仿她们的行为方式。这本是成长中的一个正常部分，但在今天却扭曲了。

如果一个女孩对年长的女孩或女人产生了强烈的感觉，那么在受到媒体信息的影响后，她可能会认为自己的感觉暗示着性取向有问题。我们认为这是当今媒体带来的一个悲剧后果。我们已经看到，那些充满热情和深切关心朋友的女孩开始真的觉得自己的感受是有问题的，然后这些感受有时会与性联系起来。这是个悲剧。正如我们在本书中已经讨论过的，女孩的内心深切地渴望关系，并在关系中得以茁壮成长，这其中也包括了与其他女孩的友谊。她们渴望与同性建立深情厚谊这件事是正常的。作为她们的父母，这些女孩需要你提供帮助，而不是惊慌失措。

你可以与你的女儿谈谈，你要先帮助她知道，无论发生什么你都会爱她，然后带她去找相关的专业人士谈谈。你可以先和那个人聊聊，在你允许他影响你的女儿之前，先了解他在这个问题上的情感和精神立场。

女孩正在成长为自己，正在塑造自己的身份，并且试图理解自己是谁。她们的性取向是这个身份认知中的重要部分。在成长过程中，你的女儿会发展出情感浓烈的关系。她会对关系产生强烈的渴望，她也会犯错。但无论她犯什么错误，你的女儿都有希望去和女性建立亲密、健康的友谊，以及和男性发展关系。随着她认知的不断发展，她将更好地了解自己，以及了解那些她天生应该乐在其中的关系。

与男孩交往的回报

近年来，对于约会、求爱和接吻，以及女孩应该在什么时候做这些事已经有了很多讨论。本书不打算为父母就这个问题进行评判。父母可以从市面上轻易找到由富有智慧的作者所撰写的相关主题的好书；相反，本书则会退后一步，以便看得更远——看一看与男孩交往会给女孩的生活带来怎样的风险和回报。

在我（赛西）讲完一堂关于女孩的课后，一位父亲对我说："男孩，还有男孩呢，你对男孩讲得还不够！"对于男孩在女孩生活中的潜在危险，家有女儿的父亲们往往时刻保持警惕。因此，如果你是一位父亲，读到本节标题时，你可能会说："和男孩交往有什么好处？一点儿都没有！"但请作壁上观，本节内容会帮助你明白：即使是男孩，他们在帮助女孩成为独一无二的自己时起到的作用不可小觑。

社会化

在小组中，女孩会不时地谈论男孩，基本上平均每周都有。当她们谈论男孩话题时，有的女孩会感觉稍有不适，有的女孩则完全不知所措，还有的女孩会说："我无法想象与一个男孩建立关系，我甚至都不知道该如何与他们交谈。当我在男孩身边时就会紧张，然后说些很蠢的话。"

最后一种女孩需要社会化，需要与男孩建立安全、轻松、友好的关系来帮助她感到自在。这可以在教育环境中发生，但在学校里的情况往往是这样的：越是能和男孩自如地相处的女孩越是感觉游刃有余，而较为安静的女孩则更加拘谨。

对于女孩来说，与男孩建立友谊可以帮助女孩熟悉男孩，对男孩不再那么陌生。她们了解了更多关于男孩是谁、男孩如何思考的信息，并学会了如何与男孩交谈的方法。一般来说，她们学会了享受男孩带来的快乐，而不是害怕他们。

现在，父亲们又该说："是啊，她已经太会享受男孩带来的乐趣了。"这个担忧合乎情理，但是如果女孩无法感到她们可以在与男孩的关系中做自己，那么同样令人担忧。对父亲而言，你希望她感到舒适——能够表达她是谁、她想要什么，以及在关系中她不想要什么。社会化有助于她做到这一点。

与异性建立友谊也有助于女孩和男孩将对方视为人而不是物品。女孩有时会说"我想要一个男朋友"，但这更多的是关于头衔，而不是关于人。男孩会因为女朋友带来的好处而想和她交往，而不是为了了解她并与她共度时光。当男孩女孩作为朋友相互了解时，每个人的机会就均等了，他们在与对方建立关系时能更多地出于选择而不是心怀恐惧。

选择的能力

随着女孩在男孩身边感到舒适，她将与男孩发展出更亲密的关系。这样做的好处是，她开始看到男孩的不同之处，如看到男孩中有强壮的人、有深度的人、有冒险精神的人、有创造力的人等。当她发现这些不同的特质时，她就会开始重视某些特质。

在遇到威尔之前，卡伦在高中时和几个男孩约会过。她和威尔参加了同一个夏令营，威尔吸引了卡伦的目光。他很有运动天赋，很有趣，还有绅士风度。

威尔和卡伦开始了一段持续了几个月的异地恋，之后他们便失去了联系。在那段短暂的关系中，卡伦明白了一些现在对她与男孩关系至关重要的道理："现在我知道了我可以被如何对待。我不会再降低自己的标准了。我还明白了能与我的男朋友谈论我的真实想法是多么重要。如果他爱我，他就必须了解真实的我。"

威尔还以当时两人都没有意识到的方式帮助了卡伦。借由他对待她的方式，卡伦了解到更多在与男性关系中的"接受"意味着什么——小到为她开门，大到追求与她的关系，威尔在这些方面使卡伦的女性魅力得以彰显。

逐步了解男孩的世界

第6章谈到了女孩在离开父母屋檐后的自由和危机。如果一个女孩之前没有和男孩接触的经验（不管是偶然的还是正式的），这种危机就会变得更加复杂。独立后的她深夜仍可外出，没有人在身边监督她，告知她何时男孩该离开，她可以任由自己决定。

如果女孩仍然与父母生活在同一屋檐下，她就有机会练习做决定，这将对其未来大有裨益。我们经常告诉父母，女孩犯错的最好时间是她还住在家里的时候。随着她不断长大，父母可以逐渐放松对她的限制——给她更多的空间，让她在父母的监督下做出自己的决定。

女孩与男孩的关系也可以遵循同样的原则。父母希望女儿在家中有足够的自由，可以学会做出与男孩有关的明智决定，这样当她离开家独立时就具备了这种智慧。父母希望女孩在自己庇护下学会做出关系上的决定，而不是在需要她自己做出正确决定时替她一手包办。

　　汉娜来咨询的原因是，她因为在学校静修会期间发生性行为而惹上了麻烦。所有认识汉娜的人都惊掉了下巴。汉娜很善良，有责任心，而且大家都认为她能做出正确的决定——至少看起来是这样。

　　即使发生了静修会那样的事件，汉娜还是会经常发表深刻而有见地的评论。我像其他人一样，对汉娜的成熟和观点印象深刻。

　　后来，我见了汉娜的母亲。她是一个智慧、颇有洞见的女人，在与他人关系中力求正直和诚信。她对我说的话，正是汉娜在30分钟前对我所说的。我意识到汉娜未必有深刻的看法，她可能只是擅长记忆和背诵。她在模仿母亲告诉她的关于这种情况的一切说辞。也就是说，汉娜有知识，但她并没有学以致用这些知识。

　　汉娜真正需要的是富有洞察力的母亲的沉默。作为一名高三学生，汉娜需要自己在错误中吸取教训，并直面自己造成的后果。然而，她没有学会将这些联系起来，因为母亲替她做了这些思考。

　　因此，当汉娜不在家里，在静修会中受到男孩的压力时，她就不知所措。因为她的母亲不在场，没人告诉她怎么办。

汉娜需要逐渐地被引入男孩的世界。她需要自己发展技能——慢慢学会做出与男孩有关的正确决定。她需要通过亲身经历来了解自己行为的后果，而不是由母亲来告诉她，这将有助于降低她在与男孩交往中遇到的风险。

与男孩交往的风险

孤独感会驱使女孩和其他女孩发展出不健康的关系，而这种孤独感也会促成她和男孩之间的不健康关系。男孩会为女孩提供一个有归属感的地方——这往往会很有吸引力。因为她长期以来梦寐以求的就是一个能提供安全感的特别地方。

"他们幸福地生活在一起"的童话故事

在由童话故事改编的电影中，大量的女主角（包括美人鱼）为了和所爱的男孩在一起，选择放弃她们的身份——她们的家人、家园和鱼鳍，令人咋舌。找到"真命天子／天女"一再被描绘为女孩和男孩生活在一起的终极目的。

女孩总是会被这种童话故事吸引。从很小的时候开始，女孩就喜欢打扮成新娘的样子，梦想遇到自己的一生挚爱。这种童话故事有好的一面，打动了女孩灵魂中渴望"接受爱"的那一部分，即被人追求。事实上，父母肯定也希望女儿未来的丈夫能在某种程度上待她如"公主"，这也能为她理解夫妻之间的关系播下种子。

然而，童话故事中的危险之处在于，童话幻想的世界以浪漫的方式达到了圆满结局——电影尾声，在女主角找到真爱后，他们就永远幸福了。

　　一位父亲根据他理解童话故事的现象给三岁的女儿讲了一个另类的版本，结局是这样的："王子追求了灰姑娘一年后，他们成了非常好的朋友。然后，他们结婚了，过着非常简单的生活，并为社会正义而工作，结束对穷人的压迫。尽管他们没有'从此过上幸福的生活'，但是他们确实学会了深爱彼此……"他还告诉女儿，灰姑娘是如何将玻璃鞋卖了换成登山靴的，以便她和王子一起去全国各地远足。

　　这位父亲的创造力是给女儿的一份厚礼，他在向她讲童话故事和幻想的同时，也将现实介绍给她。她的幸福结局不是在遇到王子时出现的，而是在她认识自己、成为自己、做自己的时候出现的。

排他性

　　　"我担心我的女儿不愿再和她的朋友共度时光，她只想和男朋友在一起。她已经失去了自己的思考和想法，总是做那些男朋友让她做的事情。好像我再也找不到原来的女儿了。"一位担忧自己15岁女儿的母亲来到我（梅丽莎）的办公室求助，她想知道她能做些什么来减弱女儿和男朋友关系的密切程度。

　　这是青春期女孩身上经常出现的一个问题，与在女孩和男孩之间寻求关系联结的现象有关。她们在与女孩的友谊和具有排他性的约会关系中来回徘徊，并且在排他性的约会关系中几乎都是目光短浅的。

　　在许多方面，这对女孩来说是一个成人仪式，仿佛她已经有机会由自己来实现童话故事，所以她会在这段关系中投入大量的时间和情感能量。她们坚信，这个男孩可能就是解决渴望和孤独的答案。

然而，在交往一段时间后，她可能逐渐发现王子的王冠是有瑕疵的：他选择与自己的朋友打篮球，而不是和她出门；他会忘记纪念日，或者他在女孩心中失去了迷人的魅力。她甚至可能找到另一个男孩。不过，无论排他性如何减弱，这都是女孩约会生活的正常部分。

对于父母，这就是"后门哲学"变得重要的地方。如果父母直接告诉她这种排他性的关系不健康，应该结束，那么往往会起反作用，使她更想和他在一起。父母能做的是限制他们在一起的时间，比如每个周末的一晚。也可以限制女儿使用电话或互联网与男朋友联系的时间。这样一来，就减缓了他们关系的进度，同时也能减缓他们发生身体接触的速度，要知道，身体接触的发生往往就伴随着排他性。

滥交行为

苏珊在12岁时遭受了父亲的性虐待。从那时起，直到她来到我（赛西）的办公室咨询时，她平均每年有10～12个男朋友。

"我讨厌我的生活。没有人知道我到底是什么样的人。学校里的每个人都认为我是个放荡的女人，我妈妈也这样觉得。我都听烦了，所以我觉得不如屈服吧，我决定就做一个放荡的人。至少那些男孩们会对我好。"

苏珊已经从在女孩和男孩之间徘徊、寻求关系陷入只寻求和男孩的关系了。这是让她感到安全的地方。因为她被同年级的女孩拒绝和伤害，而男孩则恭维她，让她自我感觉良好。对苏珊来说，这种回报比自己要付出才能收获的回报更有价值。

可悲的是，有许多女孩和苏珊一样。无论在什么情况下，她们都认为男孩是安全的，女孩则是不安全的，所以她们会不惜一切代价与男孩建立关系。

在接受咨询将近一年的时间里，苏珊处理了父亲对她的虐待以及糟糕的自我形象的问题。她开始相信自己除了身体以外，还有更多优点；她也开始在与男人有关的问题上做出更好的决定。

对父母来说，如果你的女儿正走在与苏珊相同的道路上，请帮助她看到，她的身份认同不仅仅与外表有关。父母要鼓励她，并告诉她内心的力量和美丽，而不只有外在的美。如果她被吸引到与男人的关系中，并且在女孩身边感觉到不自在，那么可以让她参加安全的小组，在那里她将不得不和其他女孩建立关系。

表 8–1 和表 8–2 中的建议可能对预防此类问题有所帮助。尽早引出女孩深处的内在美，帮助她找到其他声音来引出其内在美，而不仅仅是靠男朋友的声音。对她进行性教育，教导她性是在婚姻关系中值得期待的事情。帮助她明白为什么需要纯洁的关系，而不仅仅是要求她这样做（见第 6 章）。

无论涉及哪种性别，关系都充满了回报和风险。父母可以做一些事情帮助女孩将关系的回报最大化，将风险最小化。

表 8-1　　　　　在她挣扎时，父母做什么无法帮助她

父母的行动	女孩的反应
• 将问题最小化	• 她紧闭心门，不再和父母说话
• 对她的朋友或男朋友，你比她还要生气	• 她不再看到自己受的伤害，转而觉得需要为她的朋友或男朋友辩护
• 禁止她与某些朋友或男孩在一起	• 她会对那些朋友或男孩产生更多的好奇心（除非情况危急，为了她的人身或情感安全必须将他们分开，否则请尝试"后门"的策略来分开他们）
• 介入并为她解决问题	• 她对问题不负责任，并且没有在其中发出自己的声音和看法
• 对她的朋友给出负面评价或说朋友的闲话	• 她与父母而不是和朋友们对立

表 8-2　　　　　在她挣扎时，父母做什么能帮助她

父母的行动	女孩的反应
• 倾听	• 让她更自由地敞开心扉
• 不直接告诉她答案	• 有助于她自己思考解决方案
• 告诉她你在她身上看到的优点	• 尽管她会说"得了吧，妈妈"，但这仍鼓励了她
• 帮助她找到可以与其他孩子建立联系的地方	• 能带给她安全感的孩子群体会了解、鼓励她，并挑战她的想法
• 在她的生活中，有其他成年人鼓励她	• 她能听见其他的声音，这些声音会支持父母本想让她学习的东西
• 与她讨论她可以和谁做朋友	• 帮助她了解到有些女孩可能不在"受欢迎"的那群人中，但那些女孩仍可能成为很棒的朋友
• 帮助她审视在某种情况下扮演的角色	• 帮助她不要把自己视为受害者，而是看到自己对这种情况的责任

续前表

父母的行动	女孩的反应
• 向她讲述自己在关系中挣扎的故事	• 让她知道她并不孤单
• 询问她认为怎么做可以改善情况	• 帮助她发展解决问题的能力
• 帮助她理解她对关系的渴望是健康的，是与生俱来的需求	• 她不会再觉得自己有问题
• 通过在自己的关系中投入时间和精力，向她表明关系对你很重要	• 帮助她明白投入关系是一件好事，并帮助她了解什么是关心和在乎他人
• 帮助她理解生活在世界中，在关系上、情感上和精神上分别意味着什么	• 她将知道不要在关系中期待完美，或要求某人满足她的每一个需要，她将明白在世界上没有人能这样做

第 9 章

成长旅程中需要经历的变化飓风

RAISING GIRLS

青春期的女孩是在这场名为"变化"的飓风中被压弯的小树苗。

——玛丽·皮弗

《养育青春期女孩》(*Reviving Ophelia*)

如果我们的祖母听到今天青春期女孩之间的谈话,她们就会认为这些女孩在说一种全新的语言。她们会听到诸如 Facebook、自伤、短信等词语。这些词以及相关的问题都是吹向女孩的最新和最强的变化飓风。

在本章中,我们将讨论当今女孩受其影响最为严重的问题。父母可能并不熟悉某些问题,可能听说过某些问题。某些问题可能会引发父母的恐慌,而某些问题则可能只是女孩建立关系的最新方式。

正如所罗门所说，太阳底下无新事。我们的祖母得靠近些，才能找出这些女孩正在使用的、全新的、无法理解的语言背后究竟是什么含义。如果明白了其中含义，就会发现这些变化飓风背后体现的需求和不安全感早已存在于数代人身上了。

大众传媒的"塑造"

实在是难以想象，如果没有媒体（杂志、电视、电影、音乐），今天的生活该会是什么样。媒体已经渗透到人们的生活和家庭中，人们听着便携多媒体播放器，看着高清电视，使用数字录像机和互联网等。然而，媒体中所存在的父母难懂的语言对当今女孩的生活有着重大的影响。

女孩在做什么

2005 年 5 月，美国知名女性时尚杂志 *Glamour* 刊登了一篇题为"如何成为一名时尚女性"的文章。这篇文章中有一节谈到了富人和名人的秘诀，大致有以下几点：

☆ 宣称自己光彩照人；

☆ 看起来心情很好；

☆ 收到邀请时，尽快回复"确认"；

☆ 让你的名字比你本人更有知名度。

这些秘诀及成为时尚女性的想法，与女孩是谁完全无关，都是关于外在（即身体和社会形象）的。一个遵循这些想法生活的女孩无法发展出真实和完整的自我，只会变得更像是一个形象，而不是一个真实的女孩。

然而，这些想法恰恰就是媒体平时所宣扬和提倡的。所有这些都是关于"看起来很美、放肆张扬"，而且看似"过得无忧无虑"，都是关于和朋友聊八卦，讨论怎么吸引男孩等。这些对女孩的不安全感和对世界的不切实际的幻想都带来了直接影响。

现象背后

每个女孩都希望得到重视和受到欢迎。在青少年时期的某些时刻，女孩可能会觉得自己真的需要一个男朋友来帮助她们实现这两个愿望。然而，媒体却利用少女的这些希望和梦想将她们当作猎物。

女孩最基本的思维模式是，她的价值取决于自己的行为和长相，而不是她是谁。如果她一直深受媒体影响，她就会一直持有这样的想法：她会成为一个重视外表而忽视其他一切的女孩；她会炫耀自己的性吸引力，以此获得男孩的注意，甚至会不惜一切代价使这种关注得以持续；她会对男孩行为大胆，对女孩冷漠无情。

不过，幸运的是，你的女儿并不是由高清电视或便携多媒体播放器养大的，她的父母是你，而你有机会可以大力反击媒体对她价值观的侵袭。

你能做什么

我们的朋友安妮将许多媒体设备都拒之门外，她的孩子们在户外玩耍，骑自行车，在蹦床上跳跃，她还有自己的菜园。

几年前，她最小的女儿惠特尼第一次邀请一位特别的朋友来家中玩并过夜。第二天早上朋友离开时，惠特尼向安妮描述了和朋友共处的时光："嗯，妈妈，一切都还好。她是个不错的人，但是她想做一些让我觉得很无聊的事情，比如看电视或者玩电脑。我想叫她去外面玩都叫不动她。我猜她不像我们这么老派守旧。"

我们很喜欢安妮和她的丈夫所创造的"老派"家庭。他们会在晚餐时和孩子们一起大声朗读，一起看多丽丝·戴（Doris Day）和秀兰·邓波儿（Shirley Temple）主演的电影。

时至今日，安妮的孩子都已经是青少年了。他们家中有几台电脑，并常常一家人聚在一起看歌手选秀节目《美国偶像》（*American Idol*）。如果让安妮来安排活动，她仍然会以"老派"的方式进行，但她也正逐渐让孩子们慢慢地接触媒体世界。她先在孩子们幼小的心灵中打下了想象力和创造力的基石，然后再允许媒体在此基础上进入孩子们的世界，而不是让媒体奠定基础。

我们希望每个女孩都能以这种方式接触媒体。如今，媒体的确是女孩生活中必要的、无法避免的事物，女孩或早或晚都会接触到媒体，但我们相信晚一些接触比较好。我们认为，女孩应该先发展自己的创造力和想象力——在户外的泥土中玩耍，在阳光下舒展四肢。这样她们才能更充分地了解女孩是什么样的，以及她们可以是什么样的。

这样做不是拒绝她们接触媒体。女孩不应该被放在温室中保护起来，否则当她们离开家独立时，这个庇护所就会坍塌，无法再为其提供保护。父母需要将媒体慢慢地介绍给她，这样她能在还与父母同住时就形成自己的意见和想法。当她还住在家里时，父母有机会教她学会明辨是非。和她谈谈某些电影或音乐会对她的精神产生什么影响，当然，这需要先询问她的意见。如果她觉得父母是在"说教"，就不会再听父母说话。父母需要与她展开真正的讨论——讨论她想听或想看的任何媒体内容，以及这些内容的积极和消极方面。

值得庆幸的是，有不少面向青少年的出版物在相关方面做得很好。许多带有正能量的艺术家和乐队都在用女孩们觉得"很酷"的方式表达积极的信息。经典之作不断被重新包装，以吸引那些挑剔的青少年。青少年读物出版商也在市场竞争中拔得头筹，它们出版的书籍，无论是小说还是非小说都能满足各年龄段女孩的需求和兴趣。

通过监督和管理媒体在家中的影响，父母就有机会为女孩打下创造力和想象力的基础，让她知道自己是谁，而不是去追求成为那些花里胡哨、衣着暴露的摇滚歌手。父母可以为她绘制一幅蓝图，女孩可以既有智慧又有美貌，既坚强又不失女人味，还能明白真实的自我比塑造的形象更重要。

网络社交的侵入

女孩在做什么

智能手机早已成为全世界范围内的必需品，在女孩的世界里也是如此。在过去，十一二岁孩子的圣诞礼物清单上最常出现的是小马和自行车，但现在他们想要智能手机——注意，不是普通的手机。

一个女孩这样谈她的手机："早就没有人打电话了。为什么我们还要这样？我们都发短信……问一些简单的问题，持续很长时间。简单又方便，不必深究那些肤浅的谈话内容。最棒的一点是，在上课时也可以这样做，因为老师们都跟不上时代，根本发现不了！"

女孩不停地沟通交流，不仅通过手机，还通过互联网。当电子邮件第一次成为便于使用的通信方式时，人们要先拨号才能接入互联网。如同写信一样，要构思和编写信息，然后再发送。但现今的沟通是即时的。在这个高度现代化的年代，哪怕即时通信也成了过去式……短信交流还不够即时，至少无法迅速地"广而告之"。

现如今，MySpace、Facebook 和博客等带有社交性质的网站和应用程序充斥着互联网世界。女孩将自己的照片、想法，甚至是日记都放在这些社交媒体上，让全世界的人都能看到。这意味着每个女孩都借助社交媒体服务，在自己的个人主页上发布了关于自己的大量信息，包括照片、关系状况、喜欢做的事情等她认为相关的其他信息，任何发送好友申请并得以通过、成为她"朋友"的人都可以向她发送消息，并附上照片。

一位忧心忡忡的母亲最近给我（赛西）带来了她 15 岁的女儿在 MySpace 个人主页的复印件。上面有着关于各类动物性高潮的信息，还有网友五花八门的评论。这个年轻的女孩平时坚守自己的信仰，也是其他孩子眼中的"好"女孩，所以她的母亲看得心惊胆战。面对母亲的质问，她说是别人将这些信息放在她的 MySpace 页面上的，而且"反正这也没什么大不了的，没有青少年会觉得这是什么坏事"。

她的母亲和我都认为这些信息不雅而且低级趣味，并试着向她解释如果别人看到她网页上的信息会怎么想，但她根本不理解。这个年轻女孩是通信技术进步的产物。她对使母亲脸红害臊的事情无动于衷。

这只是科技对女孩的女性气质造成冲击的一个例子。不仅如此，女孩与男孩的联系就如同她们与其他女孩的联系那样自由，只要通过手机和互联网就可以做到。由于非面对面互动交流具有更高的安全性，因此女孩更加大胆和不受拘束——她们毫不掩饰地讨论性和其他不雅话题。

女孩还将社交礼仪丢到一旁，大多数对话开始时的随口寒暄"嗨，你好吗"，也早已从女孩的字典中剔除了。她们的交流变得生硬唐突、直奔主题，甚至连完整的句子都不说。这一交流习惯的改变，让女孩同时失去了她们的优雅魅力和女性的神秘感。

这些只是女孩自己在沟通方面的表现，我们甚至还没有开始讨论"互联网掠食者"①的话题。值得庆幸的是，Facebook 等网站的创建者正在尽最大努力防止"互联网掠食者"接触女孩。尽管如此，随着女孩在网络上交流的便利性提升，"互联网掠食者"和女孩交流的方便程度也成倍增加了。

---

① 互联网掠食者（internet predators），是指出于性或其他虐待目的而利用脆弱的儿童或青少年的成年网络使用者。——译者注

现象背后

这种交流造成的混乱背后，大部分只是女孩对建立联系的渴望。在女孩进入青春期后，她的关注点在于人际关系，尤其是与同龄人的关系。此时的她已经达到了能同时和几个朋友交谈的理想境界，而且她很享受在上课时与朋友交流。短信只是"传纸条"的一个更先进、更不引人注目的方式。

此外，女孩利用博客这种网络日志使自己寻求关注的需求达到了新的高度。比如，如果苏茜今天在学校里被艾莉森伤害了感情，那么她在当天下午可能会在博客里写下这件事，提到这一天是她所经历的最糟糕的一天。无论她是否会直接提到艾莉森的名字，这篇博文都是她报复艾莉森的方式之一。少女们有时会采取一切可能的手段来获取她们认为应得的关注或进行报复。

你能做什么

在女孩的世界里，电脑和手机既是一种祝福也是一种诅咒。手机的好处是，父母可以在需要时立即与女孩取得联系，方便接送孩子参加课外活动并保证了乘车安全。

计算机课程也已经成为今天许多学校课程的一部分。在美国，孩子们早在幼儿园时就开始使用电脑，并在初中时由学校提供电脑用于学习（他们的父母为此支付了高额学费）。孩子们的成绩和家庭作业都通过互联网发布。在这个时代，让电脑远离家庭是不可能的事。

父母能做的是放缓女儿使用这些通信技术的脚步。除非女孩有大段的时间不在身边（如外出活动），否则她并不需要手机。当然，父母可以严格地限制女孩使用手机。比如，设定晚上的某个特定时间后不使用手机，规定每个月的通话时间等。值得庆幸的是，通过收到电话账单，父母可以了解她的电话和短信往来的完整报告。

电脑的使用同理。在学龄前阶段，女孩其实根本不需要接触电脑，给她们蜡笔和画纸，有助于提升她的创造力。当她们有机会接触电脑时，需要让女儿牢记：父母是她的"电脑监护人"。将电脑放在公共房间而不是她自己的房间，更容易对她进行监护。父母不妨经常在房间里走走，越过她的肩膀来看看屏幕。如果她发现你来了就快速关掉某个页面，你就需要对此做更多的调查。

现在有一些设计精良的可以监控或拦截某些网站的程序。父母要告诉女儿，他们可以轻而易举地在互联网上了解她的动态。一些父母专门开设了 MySpace 的账户，只是为了监控女儿在网上的一举一动。这不仅是为了检查她的情况，也是为了找出潜在的"互联网掠食者"。

女孩需要大量关于电脑和网络安全的操作指导和正确引导。因为她们天真烂漫，在成长过程中无所畏惧，她不了解互联网世界中的危险，她们需要父母的帮助和监控。同样地，当女孩即将 18 岁，将要成年时，这种监控也应该逐步减少。她需要学会做出自己的选择，这样当她离开家独立时，就能顺利地自己做决定了。不过，在她刚开始接触互联网时，以及整个初中和高中早期，她们还是需要父母的帮助，教会她们明辨是非。

幸运的是，手机和互联网还是有其他好处的，对于父母来说，这两者都是很好的工具。如果女儿表现得值得信赖、让人放心，就松松绳子，多给她一些自由；如果她搞砸了，则应立刻拉回绳子。因为关系对女孩而言非常重要，这两种通信沟通方式在发展关系方面就承担着巨大的作用。

校园文化的压力

我（梅丽莎）最近与一群初一和初二年级的女孩谈论了她们的人生目标。每个人都谈到了对 15 年后自己的展望。一个女孩说她非常期待成为一名母亲，另一个女孩转身对她说："哇，这真的很棒！现在已经很少听人这么说了。"

我很震惊，因为在我们（梅丽莎和赛西）的成长过程中，成为母亲是大多数女孩的愿望。这种思想上的变化不仅仅是妇女运动的结果，也是今天校园文化的结果。

女孩在做什么

在过去的 20 年里，人们对女孩的期望值有了显著的提高。女孩知道，她们不仅可以当护士，还可以当医生；不仅可以当小学教师，还可以当大学教授、家庭主妇。她们的选择是没有界限的，这是在性别角色方面的巨大进步。

女孩被按着满足这些期望的要求培养着、成长着。2005 年，美国有 57% 的大学生是女孩，但是其中有许多女孩背负着过大的压力。为什么呢？是什么造成了这些女孩的压力？是社会期望、学习压力，还是女孩的内心世界？

现象背后

毫无疑问，近年来学习的压力逐步上升。有父母告诉我们，他们上五年级的女儿每晚要花四个小时做家庭作业。学校在高考准备方面更具前瞻性，这无疑增加了男孩和女孩的学业压力，特别是在初中和高中阶段的孩子们。

女孩还要参与各种各样的活动，如足球队、越野跑、长曲棍球、美术课、钢琴课，以及为校报撰稿等，还要努力维持最重要的社交生活。这些活动的组合确实会让人忙得晕头转向。

> 不过，这些并不是造成女孩压力的主要原因。我（赛西）接待了一位名叫丹妮尔的高中生，她有着相当高的焦虑水平。当我问她最近有什么事使她感到焦虑时，她告诉我："我们学校戏剧社的每个人都必须参加学校演出。我们每天都要在那里待上四个小时左右来练习。我还被选中参加州田径比赛——这是一个巨大的荣誉。我不知道现在该怎么办，我的田径教练正在和戏剧老师打电话，他们在为我该去哪里训练而争论。我知道其中肯定有一位老师会感觉很失望，对此我真的很难过。"

活动耗费了这个年轻女孩的时间，占据了她的日程表，但真正消耗她内心的是应对让人失望的恐惧。正如本书一再提到的，这一切都要回到关系上。

在当今社会，人们对女孩抱有更高的期望，女孩也有比以往更多的机会投身于更多的活动。这无疑会使女孩变得更加忙碌。因此，女孩的日程安排有时需要进行适当的缩减。然而，女孩真正的压力在于她们需要取悦他人。

你能做什么

在我与丹妮尔的谈话中，我们谈到了关于寻找自己的声音的想法（第5章）。父母经常教导女孩要善良，但这有时是以牺牲她内心的平静为代价的。做个善良的人和取悦他人是有区别的，但女孩往往不知道如何区分这两者。

这时，父母可以帮助女孩学会意识到他人的感受，但不必对这些感受负责。丹妮尔正在努力做出自己的决定，并开始接受让别人失望的事实。

一般来说，对他人的失望更多的是与产生失望感受的人有关，而不是与那个令人觉得失望的对象有关。帮助女孩学会以善良的方式行事，并且遵循自己的身份和本心，这样就能给那些以取悦他人为目标的女孩带来心灵的自由。

让女孩知道她们不必在每项所参与的活动中都做到最好，也是很有帮助的。因为她们有很多机会展现自己，而取悦他人又是她们的天性，所以女孩往往会觉得她们必须在每个机会中都崭露头角。如果女孩知道不论自己是在首发队伍还是替补队伍，父母都会同样爱她们，就会让她的内心更好受些。成绩单上有"优"是件好事，但这并不是她受到重视的先决条件。父母需要让女孩明白，她是谁并不取决于她在任何领域的表现。无论成功或失败，都要鼓励她们；无论在足球比赛中进球还是失球，都要让她知道父母为她感到骄傲。不管她表现如何，她都希望能获得父母的认可与喜爱。正因为如此，父母的很多做法都影响了女儿的价值感。

运动也能对女孩的压力水平产生巨大的影响。运动同时涉及女孩的各种需求：保持良好的健康状况，能让她的自我感觉更好；运动还可以为压力、焦虑和愤怒提供身体上的出口，帮她排解烦恼、厘清思路。这样一来，女孩就能在压力比较小的情况下集中精力，

并释放更多内啡肽 ①。

成瘾问题

女孩在做什么

在美国，药物滥用和酒精已经成为困扰几代青少年的问题，但随着时代发展，非法药物的选择也出现了变化。根据美国国家药物滥用研究所（National Institute on Drug Abuse）的数据，自 1996 年和 1997 年的高峰期以来，非法药物的使用已经显著下降。自那时起，青少年对酒精的使用也有所下降，尽管其仍是年轻人使用最为广泛的兴奋剂。烟草的使用则基本上保持稳定。

然而，增加的是处方药的使用，这其实也是我们在办公室经常听到的滥用的药物类型。我们看到孩子们滥用酒精，甚至药性更重的毒品（如可卡因和摇头丸）。此外，还有一些在食品储藏室和药柜里就能轻易获得的药物。例如，有许多青少年每天都在服用哌甲酯。在各种手术后也很容易得到止痛药的处方，这些药物如同在家里的药柜里那样唾手可得。有些青少年也以为这些药物比较安全，却不知道其具有致瘾性和严重的副作用。

青少年也会滥用非处方药。我们曾经与那些滥用止咳糖浆和感冒药的女孩谈过，她们认为任何能让自己摆脱烦恼的东西都可以使用。

如果青春期女孩下定决心要获得"飘飘然"的感觉，她就会使用任何能拿到的物品来达到目的——从家中柜子里的酒到药柜里的药物。

---

① 脑下垂体分泌的激素，有镇痛、愉悦的效果。——译者注

现象背后

基本上，非法药物对青少年产生吸引力的现象背后有两个原因。

第一，青少年对冒险有着强烈的渴望，他们在边缘试探，想在生活中寻找刺激。这种刺激可以是积极的活动，如攀岩、担任学生会主席或夏令营辅导员；也可以是破坏性的活动，如超速驾驶、滥用药物或酗酒。

无论是哪种活动，这些冒险都在塑造着他们的自我形象。当他们完成一些困难的事情时，他们就会对自己感觉良好，从而帮助他们获得意义感和冒险感。这种冒险可能是在一个晚上喝六瓶啤酒，或在足球训练前使用兴奋剂；也可以是我们提到的那些更积极的活动。

使用非法药物背后的第二个原因是，许多青少年生活在深深的焦虑中。女孩在努力设法解决关系问题：与女性朋友的角力，以及处理男朋友带来的不安全感。她们可能也在经历家庭和学业上的压力。如今许多女孩都生活在紧张的状态下，承受着大量压力与痛苦，更别说还有青春期常见的烦恼。

以上种种都使她们试图在非法药物和酒精中寻求一种轻松的逃避。哪怕只是暂时的，至少女孩会感觉到了一个没有压力的地方，获得从压力和痛苦中释放的自由感觉，而这种自由在日常生活中是少有的。

父母能做什么

首先，父母可以和女孩谈论毒品和酒精。美国无毒品伙伴组织

（The Partnership for a Drug-Free America）表示，与父母谈论毒品风险的青少年使用毒品的可能性比父母没有谈论这一话题的青少年低42%。但是只有25%的青少年汇报说曾有过这类谈话。

其次，父母也可以将其他声音引入他们的生活，正如第7章和第8章提到的，可以请信任的、没有做过这类破坏性活动的成年人或青少年在孩子生活中发声。作为一种激励，我们只允许那些没有滥用药物或酒精的青少年来担任年幼孩子的夏令营辅导员。当女孩对非法药物说"不"时，可以尝试为其找到内在激励。

最后，要相信丰富强大的精神生活是对付滥用药物和酒精的最好武器。如果社区没有充满活力的青年小组，那么可以让她去参与其他社区组织的青年小组。如果女孩身边的同龄人无法对她们起到积极的鼓励作用，那么她们需要来自父母的支持。

对父母来说，如果你怀疑你的女儿可能误入歧途，沾染了非法药物或酒精，就要等她回家后你再去睡觉，或是确保她回家后会叫醒你，让她亲吻你并道晚安，这样你就可以看着她的眼睛，闻到她的呼吸，找出蛛丝马迹。你可以观察她私下的行为和朋友圈是否发生了突然的变化。如果你在她的房间里发现了某些物品，那么虽然她可能会说那是朋友的，但很有可能是相反的情况。你要做一个好侦探，但是在了解事实前不要随意谴责她。

如果你发现你的女儿确实使用了非法药物或酗酒，就需要让她承担后果。我们经常看到一些父母在发现情况后，只是告诉女儿他们当年在她这个年纪时是如何尝试这些的。然而，这只会让女孩误以为她是可以尝试非法药物和酒精的，然后就会像父母那样什么也没发生，一切安好。

如果你怀疑你的女儿存在这些情况，就需要寻求帮助，特别是频繁使用或接触影响恶劣的毒品。无论她的篮球队或啦啦队的日程安排有多满，都请在为时未晚前进行干预。成瘾行为只会随着时间的推移而越来越严重，而且冒险行为的类型也会更加多样。她需要父母的帮助来停下危险的冒险行为，并且在出现问题时立即中止冒险活动。

自伤行为

女孩在做什么

"我宁可看到自己流血，也不愿意感觉自己内心受伤。"这是我们从那些做出自伤行为的女孩口中听到的话。八年前，我（赛西）见了一个将自己手臂割伤的女孩，她当时正在与抑郁症做斗争。我建议她的父母将她送去精神病医院接受治疗。

今天，在来到我的咨询办公室的每十个少女中，就有三到四个尝试过自伤，其中更普遍的是割伤自己。《异常心理学杂志》（*The Journal of Abnormal Psychology*）报告说，14%～39%的青少年进行过某些类型的自我伤害行为。

有些女孩在各种地方用不同的方式和物品伤害自己：她们用回形针划伤自己的手臂，用剪刀划自己的腿，或者用刀在自己的肚子或乳房上留下伤痕。通常情况下这些都是皮外伤，深可见血却不会切断大动脉。对这些伤害自己的女孩来说，重要的是伤口的深度足以让她们去感受身体上的疼痛，从而忘却内心的痛苦。

现象背后

成年人往往很难理解女孩自伤行为背后的原因。仅是想想女儿可能因为任何原因而伤害自己，就足够令父母胆战心惊了。但女孩确实这样做了，而且是出于一系列她认为完全合理的原因。

从身体的角度来看，这些女孩的大脑对伤害的反应鼓励了这种行为的出现。当身体受伤时，大脑会释放阿片类物质以减轻疼痛。这些阿片类物质不仅可以减轻身体遭受割伤的疼痛，还可以缓解情绪上的痛感。

从情感的角度来看，自伤和进食障碍有许多相同的诱因。控制和自我憎恨助长了女孩在自己身上留下伤痕的动机。她会感觉自己的情感世界失控了，这可能是源于社会、学业或家庭的压力。不过，不管是什么原因，自伤是她控制自己的痛苦的一种方式，而不是让痛苦驾驭自己。

正如前文提过的，自我憎恨在青春期女孩的世界里是一股巨大的影响力量。当她割伤自己时，她报复的人往往就是她认为最有缺陷的人——自己。她们借自我伤害的方式来发泄对自己的不满。尽管这种愤怒往往应该被导向他人身上，但通过将愤怒指向自己，她实现了对愤怒的控制，找到了解决痛苦的办法。

事实上，这可能就是女孩自伤的原因——它是行之有效的，也确实带来了解决方案。也正是因为它有效，女孩才会一次又一次地这样做，直到留下了疤痕，但疤痕却指向了更内在和深层的疼痛。这样一来，问题就变得更加复杂。

自伤的另一个风险是，这种行为在过去几年得到了大肆炒作，而从青春期女孩的角度来看，这些炒作未必是负面的。女孩在学校里会谈论这个话题，在网络聊天室里与其他自伤者交谈，还有些名人公开披露自己的自伤行为。

因为这是一种刺激的行为，能吸引青少年叛逆的心理，并且从他们的角度来看，自伤能达到叛逆的目的，所以这种行为一下子就传开了。在咨询中，我们不得不非常小心地对待这一话题，特别是谨慎地允许女孩在小组中谈论自伤，因为她们很容易受他人想法的影响。

可悲的是，自伤已经成为当今美国女孩世界中的一种时尚。然而，一旦女孩学会使用更安全、更有效的方式来解决她们的痛苦和压力，她们就会告诉我们，割伤自己等自伤行为已经不再有吸引力了。一名 15 岁的女孩最近告诉我们，因为她和男朋友分手了，所以她第一次割伤了自己，但令我们高兴的是，她说："这对我来说不起作用。"

父母能做什么

如果自伤是出于情感和社会的动机，那么父母可能很难知道该如何应对。作为心理咨询师，我们对自伤行为和自杀同等重视。

我们告诉父母，如果孩子扬言要自杀，就开车送她去急救门诊。如果她是认真要这么做，那么她需要去急诊室做一个精神评估，以确定接下来该怎么办。如果她只是在对父母进行情感操控，她就需要知道父母会认真地对待这种威胁，父母还要让她明白，威胁要自杀并不是用来表达愤怒的方式，而这个愤怒仅是因为父母不允许她和男朋友在外面多待一小时再回家而引起的。如果她的理由是操纵性的，那么她在到达医院前就会明白这种策略是行不通的；如果她真的想自杀，父母就需要让她接受专业人士的照顾。

对于割伤自己等自伤行为也是相同的道理。如果女孩实在太过痛苦，以至于只能拿自己的身体发泄，那么她需要和咨询师交谈或者接受精神评估。如果她的动机是为了寻求更多关注，那她可能也需要咨询师的帮助，帮助她发现更积极的方式以被人接受。同样地，她还需要知道父母会认真对待任何一种试图自我伤害、毁了自己的行为。

无论是哪种情况，父母都需要好好和她谈谈。一开始她可能会觉得尴尬，并且对与父母交谈心生犹豫，但是她需要一个倾诉的出口，而不是伤害自己的发泄方式。

首先，她需要学习如何用语言来表达自己的内心想法，能及时地将感受通过语言表述出来是很有帮助的。在她理解了自己想要自伤的原因后，就能找到更积极的应对策略。我们认为艺术、运动和写作是可以帮助女孩释放情感上的痛苦的三个途径，同时也不会伤害女孩的身体。这三个途径是创造性的，而不是破坏性的。

如果怀疑你的女儿可能会割伤自己，那么你可以要求她展示她的手臂，这是个恰当的要求。在天气炎热时，注意她是否刻意戴粗手镯或穿长袖衣服。如果她从学校回到家时满脸绝望，但在消失30分钟后却精神饱满地出现，那么她可能做出了自伤行为。

对于今天的女孩来说，割伤自己等自伤行为是一种复杂的、骇人的"时尚"。从精神发展的角度来说，这也是一个被掩盖在黑暗中的现象，在不为人知的情况下进行，也使自伤者觉得这确实有帮助。

然而，我们也看到了女孩开始理解自伤行为的破坏性及其对身心的伤害。当她们开口谈论自己的痛苦时，当她们找到其他方式来释放痛苦时，当她们向信任可靠的人寻求指导和支持时，这些女孩的内心就得到了治疗。

进食障碍的困扰

我今天才意识到，我一直在浪费我的生命以试图瘦下来。我投注了那么多的时间和精力专注于这件事，它控制了我的生活和所有思想。我被困住而无法脱身。每当我觉得自己做得很好、有力量来跨过这个坎时，我就会再次跌倒。我已经受够了这样的生活方式。我多想可以接受自己现在的样子，不要为体重感到恐慌。我对自己一直以来的生活方式充满了太多遗憾，我仿佛将自己交给了"瘦身之神"。

—— 一位 15 岁的女孩

女孩在做什么

这个将自己交给"瘦身之神"的女孩并不是个例。神经性厌食症及相关进食障碍协会（Anorexia Nervosa and Related Eating Disorders, Inc., ANRED）的研究报告指出，进食障碍影响了美国近 5% 的年轻女性。厌食症被定义为一种进食障碍，其特点是对体重超重的极端恐惧，从而导致过度节食，引发身体严重不适甚至是死亡。约有 1% 的少女受到厌食症的影响。贪食症则是一种在暴饮暴食之后选择不进食、使用泻药或用手指催吐、自发呕吐的进食障碍。约有 1% ~ 3% 的初中和高中女生受到贪食症的影响。

同一份研究报告指出，有 15% 的年轻女性对食物抱有不健康的态度和行为。这些态度和行为并不是什么新鲜事，几代人以来，女性都挣扎在外貌焦虑之中。

　　我（梅丽莎）记得我在上学期间，在健身房里待的时间比其他孩子长，每当我返回更衣室时，她们早已换好衣服离开了。我（赛西）记得我在高中时节食，试图将体态变得更好，像那些漂亮、娇小的朋友。

　　然而，在 20 世纪 60 至 80 年代的美国，似乎没有听说有女孩受到进食障碍的困扰。这个问题在当时肯定也存在，但往往更隐秘，并且不如现在这么频繁和常见。那个时代的女孩也想要变得有吸引力，也总感觉自己的皮肤或体型不够好，但没有"身体零脂肪"的压力以及对"健康"饮食的痴迷。

　　作为咨询师，如今我们辅导的每个女孩都有一个朋友存在进食障碍的问题，或她们认识这样的人。女孩会互相观察对方吃了多少食物，并且在学校时会跟着对方去洗手间，以确保对方没有将食物吐出来。

　　　　我（梅丽莎）最近接待了一个女孩，她穿小码的衣服，但她还是说讨厌自己的身材。她告诉我，她想再瘦一些。她认为加小码才是可以接受的。

　　如今女孩的身材榜样要么是电脑生成的图像，要么是一些有进食障碍的人。她们理想的身材并不只是苗条，现实中几乎找不到完全符合她们理想的身材。

现象背后

　　几年前，我（梅丽莎）告诉一群家长，进食障碍往往是"好女孩"叛逆的方式。对于有进食障碍的女孩来说，这种概括性的说法在她们身上通常都能得到印证。这些女孩大多聪明、活泼、有完美主义倾向，她们力求取得优异的成绩，一直与他人保持积极正面的关系，并且在参与的每项活动中都表现得完美无缺。

对于有完美主义倾向的女孩来说，她可能特别容易受到进食障碍的困扰。她不仅会感受到自身追求完美表现的压力，还可能陷入一种拘泥于形式和教条的思维方式，即认为他人更在意她的外在行为表现，而不关心她的内心状态。因此，她必须要取得好成绩，在所有活动中崭露头角，并且百分之百按照使他人为她们感到骄傲的方式生活。

简单来说，进食障碍者不相信无条件就能得到爱。但是在解决内心痛苦这件事上，进食障碍再次发挥了作用。将注意力放在食物上比关注内心的痛苦来得容易，因无法清空肠胃而愤怒比因伤害了在乎的人而愤怒来得容易。

这些女孩之所以严苛地控制自己和所吃的食物数量，是因为她们无法控制自己身处的环境。当我（赛西）在 1993 年第一次开始做咨询时，我发现每十个有进食障碍的女孩中，大约有七个曾遭受过性虐待。这种相关性的存在有如下几个原因。

第一，这些女孩身上发生了一些完全不受她们控制的事情，她们中的大多数人甚至因为无法控制这些事情而感到极为羞耻。因此，她们试图在生活中重新获得这种控制的能力。进食或不进食这件事是他人无法控制的，所以这就成为她们控制的焦点。

由于遭受过性虐待，性能力和性行为往往给她们带来羞耻感。体重的增加会掩盖她们的性吸引力，这样就不会有人将她们的存在与性联系起来；而体重的降低则会减弱她们的性吸引力，使她们的身材回到青春期前未发育的样子。

时至今日，我们发现每十个有进食障碍的女孩中，可能只有一到两个曾遭受过性虐待，因此令这些女孩感觉无法控制的还有其他因素，如家庭、社会、学习和运动等。有的女孩可能没有如自己预想的那样踢好足球；有的女孩可能觉得自己的学习成绩使父母失望；有的女孩可能觉得学校里没人喜欢她；而我（赛西）辅导的几个女孩只是因为听到朋友或父母说她们超重而备感压力。

第二，女孩与自己的身体形象斗争着。无论她们只是对自己的身材感到轻微不适，还是非常厌恶自己的身体，几乎所有的女孩都会在生命的某些时刻为这个问题而挣扎。当女孩感到无法控制局面，并且因自己的表现而产生巨大压力时，她们往往可能会出现进食障碍。

对于因进食障碍而挣扎的女孩来说，她们往往没有意识到她们的身体形象已经成为她们的包袱，并为她们带来了压力。如果她们觉得朋友对自己失望，那么她们可能以体重超标为借口对自己发脾气。如果她们在历史考试中没有按预期拿到"优"，那么她们会让自己呕吐来释放。一般来说，她们将自己的身体变成一个漏斗，任何她们不喜欢自己的部分都会通过这个漏斗排出。

因此，惩罚自己的身体会为她们带来解脱。她们恨自己，所以要呕吐，仿佛是在将自己身上的所有"毛病"都清除出去；她们气自己，所以经常没来由地不允许自己吃东西。这些行为不仅满足了她们对控制的需要，而且满足了她们表达愤怒的需求。

父母能做什么

有进食障碍的女孩往往无法很好地表达自己，因为她们通常不清楚自己的感受，所以无法谈论感受。

我（梅丽莎）见过一个患有厌食症的 15 岁女孩，我要求她每天在日记里写下自己的感受。一周后，她带着日记回来找我，上面却记录着她每天吃了什么以及食物带给她什么感受。她所有的感受都与食物以及自己的身体有关。为什么？因为这些使她感到安全。对她来说，与对关系感到失望相比，厌恶自己的身体是一件更容易的事。

如果你的女儿受进食障碍的困扰，那么你要做的第一步就是帮助她重新和自己的感觉建立联系。你需要帮助她学会谈论自己的悲伤、愤怒、悲痛、羞耻，还有每天充斥在心中的所有其他情绪。你还要帮助她重新建立对关系的渴望，在此之前，这些渴望已因她们对食物的专注而逐渐麻木。

此外，你需要帮助她看到她的价值并不局限在身体形象上。有进食障碍的女孩需要知道，除了她们的身材、外表和完美表现以外，她们还能创造出更多独特的价值。她们可以成为别人的好朋友，可以成为帮助年幼孩子的志愿者，可以成为跳脱于线条束缚的艺术家，去肆意涂鸦。

最重要的是，任何一个与进食障碍做斗争的女孩都需要被爱浇灌。当她导致足球队输了比赛，或是第一次只拿到"及格"的成绩时，她需要来自父母的爱。虽然她有时仍然需要承担后果，但她也需要明白，父母对她的爱与她的表现没有关系。

最终，她会明白伟大的爱能深入她内心最软弱和不安的地方，父母爱她是因为她是她自己，而不是因为她预想中自己应该成为的样子。

父母面对这样的情况可能会手足无措，但进食障碍就是这样，对女孩和父母来说都是如此。进食障碍很难克服，并且会使女孩全身心地投入其中。如果父母怀疑自己的女儿可能受到进食障碍的困扰，就要寻求专业的帮助——带她去见那些能帮助她解决相关深层次问题的人，而不是那些只会给她一张"健康"和"不健康"行为清单的人。后者可能还会给她食物上的建议，但这只会造成更多的焦虑。正如前文提到的，父母要确保提供帮助的这个人是他们在精神上信任的人，他将有助于促成爱的传递。

同时，父母还要为她找一个好的营养师，但这个人不应成为她的"食品警察"，否则她只会更努力地与父母争夺这种控制权。因此，我们建议请一名营养师来帮助解决其饮食问题，再找一名心理咨询师来分析其进食障碍中的情感和精神因素。父母无法独自完成这些，需要其他成年人加入这个团队来帮助她，鼓舞、激励她成为美好的女孩。

对任何女孩而言，进食障碍都是一场艰辛的战斗。进食障碍是复杂的成瘾行为，但又和酒精或毒品成瘾不同，因为进食是她每天生活的一部分。对父母来说，进食障碍也令人害怕，女儿仿佛变成了一个陌生人。

父母和女儿都需要获得全方位的支持。父母需要其他的声音从旁协助，并且在女儿成为她将成为的那个人的过程中与她并肩作战。在大众传媒、通信技术、校园文化、药物滥用、酒精、自伤行为、进食障碍的影响下，今天的女孩正在承受着来自自身和周围世界的侵袭和攻击。正如玛丽·皮弗所说，女孩是"被压弯的小树苗"，而这些都是吹向她们的飓风。

RAISING

GIRLS

第三部分
**身为父母的
你，该如何
帮助她**

第 10 章

为她放下偏见

RAISING GIRLS

在做决定时，我们容易受到内心独白、恐惧、愤怒和判断力等因素的影响，这些因素的影响比我们所愿意承认的大得多。我们决定自己会看到什么以及不会看到什么，会对什么格外注意以及会忽略什么。这就是为什么我们必须擦亮双眼：我们必须将以自我为中心的想法先搁置一旁，这样才能看清事情的本质。

——理查·罗尔（Richard Rohr）

《默观，看见生命的真相》（*Everything Belongs*）

虽然理查·罗尔的这段话谈论的是祈祷，但也可以说是在谈论育儿。在许多方面，养育子女是世界上最不以自我为中心的工作。父母的时间，至少大部分时间，都是在为儿女服务，听他/她说话、与其交谈、为其着想。

然而，自我意识似乎总是悄悄地带来影响：恐惧、愤怒、判断以及其他未解决的问题模糊了父母的视线。一个与自己的体重做斗争的母亲在对待超重的女儿时会比对待瘦弱的女儿更严厉。一个在体育方面表现出色的父亲会逼着女儿去越野跑，而不管她真正喜欢的是跳舞。

这些自我中心的想法很少是刻意为之的。一位离异的父亲不会故意依靠女儿来取代前妻在情感上的位置；一位母亲不会有意借由女儿来满足自己在青春期时未被满足的需求。然而，父母却往往会这样做，咨询师也可能会这样。

"反移情"（countertransference）是一个在每个心理咨询专业研究生学习时都会出现的词。它被定义为"一个在治疗中有时会出现的过程。在这个过程中，治疗师压抑着的情绪会经由对来访者经历和感受的共鸣而被唤醒"。这意味着，作为咨询师，我们觉得最难辅导的女孩就是那些提示我们身上也有相同问题的女孩，她们提醒了我们不喜欢自己的部分；或者是那些拥有着我们过去可望不可即的机会的女孩。无论我们是否意识到这点，她们都唤醒了我们的情绪。

这个概念也适用于父母，反移情也可以被定义为"一个在养育子女过程中有时会出现的过程。在这个过程中，父母压抑着的情绪会因为对孩子的经历和感受产生共鸣而被唤醒"。

在研究生院学习时，我们只学到了什么时候会出现反移情，却没有人告诉我们如果出现了反移情该怎么办。父母、教师、咨询师——任何一个关心女孩的人都会有自我情感的觉醒。这时，迷雾可能会遮蔽双眼，我们看向所爱女孩的视线可能会变得模糊不清。

当父母被自我蒙蔽时

☆ 当你不开心时，你是否宁愿和你的孩子在一起，也不愿和你的配偶或亲密朋友在一起？

☆ 当你的孩子没有入选某些团队或活动时，你是否比她更失望？

☆ 你是否给她施加压力，让她做你曾做过的事，或是去把握你没有得到的机会？

☆ 对你来说，让女儿将你视为很"酷"的人是否很重要？

☆ 你是否发现自己允许她逃避你在青少年时期也逃避过的事情？

☆ 你是否经常对自己的一个孩子比另一个孩子有更多的怒气？

☆ 在你批评孩子的方式中，是否有某个主题？

☆ 有时你对她是否会产生超出情况所需的愤怒或挫败感？

我们可以想象，作为父母的你至少会对其中的一个问题给出肯定答案。人无完人，我们都会有双眼被蒙蔽的时候。因此，问题不在于我们的双眼是否看得清楚，而在于我们看不清的究竟是哪些部分。

在我们的办公室里，我们经常遇到双眼被蒙蔽的父母。这并不是说他们有意地蒙蔽自己的双眼，而是说他们被自己的需求、不安全感和不完美蒙蔽了双眼，这在无意中给养育工作带来了阴影。结果是，那些经由父母浑浊的视线所看到的孩子，为了回应父母往往不得不承担起某种非常具体的角色。

抚慰父母心灵的孩子

在一期夏令营中，一名高三学生找到我（赛西），问我可不可以给父亲打电话。当我提醒她夏令营里有禁止打电话的规定时，她的眼里噙满了泪水，声音显得惊慌失措。"但是我必须得给爸爸打电话。他真的会很担心我。我需要让他知道我一切都好。你不知道，如果我没有和他通话，他晚上会睡不着的。"

连这位深爱女儿的父亲也在以一种不利于女儿的方式养育她。这个例子是比较极端的，但在一些不那么极端的方面也可以看到其他父母类似的情况。

我们的朋友在怀孕中晚期时不幸流产，夫妻俩心碎不已，这也是人之常情。他们两岁的女儿卡罗琳注意到了他们的泪水，并且想要安慰他们。她试图逗他们笑，伏在他们膝前并试着用玩具来分散他们的注意力。他们很快就注意到了女儿的行为和心思。于是他们告诉女儿，让父母感觉好一点并不是她的工作，反而使她安心才是父母的工作，并且伤心也是人之常情。

卡罗琳仅仅两岁就学到了如此有用的一课。即使还是个小女孩，她也能意识到身边发生了什么。除了那些处于自恋阶段的女孩外，女孩通常都能感受到父母行为和情绪上的细微差别。她们会注意到父母的悲伤，并试图成为安慰人心的力量——不论力量大小。

　　有时，成为抚慰人心的孩子并没问题，甚至是一件好事。当女儿知道父母过得不好时，对父母展现关怀有助于她学习同情心。当父母感受到压力时，可以让她帮忙打扫厨房，让她学会分担责任。不过，这些行动要基于她的选择，而不是基于父母未曾言说的情感需求。

　　我们认为，如果女孩向他人提供安慰的需求遵循某种固化模式，就会出现问题。如果女孩认为安慰父母是她的工作，她就会觉得自己有很大的影响力。如果她觉得自己是唯一能帮助父母渡过难关的人，或者觉得父母需要她的帮助才会感觉更好，那么她同样会觉得自己有很大的影响力。

　　这些会在无形中成为甜蜜的支持力量，使父母很容易享受她的拥抱和善意，尤其是在孤独的时候。然后，这会逐渐形成一种模式：她会对自己作为照顾者的角色感到自信，而父母会在不知不觉中享受她的照顾。这样一来，父母看她的视线就会模糊不清了。

　　正如前文所说，女孩需要感觉到父母比她更强大，这才有助于她产生安全感和被照顾的感觉。因此，父母需要注意她行为中的安慰模式；注意她是否在父母每次有压力时就会给他们写纸条或给他们一个拥抱；观察她是否每次在父母看起来伤心时都会爬到床上。父母需要像上文我们的朋友那样，帮助女孩知道安慰父母并不是她的工作；相反，安慰她是父母的工作，并让她知道有时感到悲伤难过也是没关系的。

为父母偿还心愿的孩子

　　我（梅丽莎）最近见了一位名叫安德烈娅的年轻足球运动

员。她正准备参加一个州锦标赛，但是不得不在锦标赛和已经计划了六个月的家庭欧洲之旅之间做抉择。当她告知教练时，教练很生气。安德烈娅是这样看待教练的愤怒的："我讨厌父母让我去旅行，并不是说我不想去，我只是觉得伤害我的教练不好。她在高中时是一名非常好的足球运动员，她会为了参加比赛付出一切。"

安德烈娅正扮演着为足球教练偿还心愿的角色，她正在实现教练对自己生活的梦想和夙愿。这种情况也常出现在家庭中。比如，一位热爱啦啦队的母亲让女儿年复一年地参加啦啦队选拔，而女儿其实非常讨厌啦啦队，她的创造力比运动能力更强。又如，一位父亲让他的运动健将女儿每周都去上两次美术课，因为他的父母在他成长的过程中并没有支持他的艺术兴趣。

这样的父母无法将自己未实现的梦想或光辉岁月留在过去，他们似乎并不关心女儿真正想要什么，甚至不在意女儿的天赋才能。他们要么在重温自己的过去，要么是让孩子过着他们曾经求而不得的生活。他们此时的视线是模糊不清的。

这往往会导致孩子感到愤怒。她们会觉得自己是谁这件事对父母来说并不重要，重要的是父母希望她们成为谁。因此，她们会故意失败，或者开始与父母在情感上拉开距离。

父母有时需要让女孩参加不同的活动（见第 3 章）。在她发现自己的热情所在和天赋之前，她需要体验各种她感兴趣的活动。她的热情和天赋很可能与父母不同。重要的是随着年龄的增长，她需要发现自己独立于女儿之外的身份。此外，无论她是艺术家、运动员，还是目前只是思想独立的小女孩，她都需要感受到父母的爱和赞美。

和父母称兄道弟的孩子

朋友利安娜告诉我们，她想生一个孩子，理由是她搬到了一个新的城市，需要有人陪伴。事实证明，利安娜是一位很好的母亲。她的女儿现在八岁了，她知道母亲不仅是她的伙伴，更有着母亲的身份和地位。但有些女孩不明白这一点。

我们在现实生活中遇到过为了讨女儿喜欢，就算不被尊重也觉得无关紧要的父母。他们向十几岁的女儿讲述自己在高中时狂放不羁的时光，分享他们的个人生活，如同和女儿是可以称兄道弟的室友关系，而不是母女或父女关系。

我们都很喜欢观看家庭伦理剧《吉尔莫女孩》（*The Gilmore Girls*）。但是当我们看到剧中母女关系的发展时，常常为她们紧张焦急。前几季的故事围绕着单身母亲罗蕾莱和她青春期的女儿罗莉展开。罗蕾莱是一个有趣、古怪、机敏的人物，而且她更像是罗莉的室友，而不是母亲。在看电视时，我们都会对着电视里的人物喊话："不，罗蕾莱，别让你的男朋友在这里过夜，你的女儿罗莉可就在隔壁房间呀！"但罗蕾莱还是这么做了。罗莉知道她母亲生活中的一切，但这其实对她并没有好处。果不其然，罗莉的反应是我们经常能看到的——她在很小的时候就变成了早熟的"小大人"。作为一个青少年，她已经变得比她的母亲更有责任感了。

我们看到的另一个回应是，女孩会加入父母的行列。如果女孩知道她的母亲有婚前性行为，那么她可能不会认为纯洁是重要的；如果她知道父亲虽然年轻时酗酒，但现在很少喝酒了，那么她会认为自己也可以这样做。

这些孩子在父母身边感到非常自在——甚至自在得过头了。要知道，女孩需要界限。父母可以成为女儿的朋友，他们和女儿之间的友谊不会因为他们在她成长的过程中对她进行管教而受到影响，但只有设立了明确的界限才能帮助她感觉到安全和踏实。

那些缺乏界限感、做出自己所能做的最糟糕行为的女孩会用糟糕的眼光看待自己，她们将自己视为不好的、自私的或轻浮的人。而当父母为女儿设立界限并对她进行管教时，其实是在帮助她成为最好的自己。父母需要帮助她了解，父母不仅相信她这个人，而且更信任她将成为的那个人。

作为父母延伸的孩子

"看着我女儿放学离校是一件让我难过的事。其他孩子都聚在一起，互相拥抱道别，她却径直从他们身边走过，走向我的车。我猜她一定觉得自己被孤立和被抛弃了。"

当这位母亲和我（梅丽莎）这样说时，我意识到她其实是在解释如果她处在女儿的情况下会有什么感受，她是在感受自己的情绪反应而不是女儿的。事实上，她的女儿一点儿事也没有，这个 12 岁的孩子和几个亲密朋友在一起时很开心，独自在房间里看几个小时的书也同样开心。她觉得许多十几岁女孩表现出的过分亲昵的行为十分令人尴尬。但在她的母亲看来，当年 12 岁的自己会加入那群拥抱道别的女孩之中。

　　人们有时也会这样做。人们相信自己想要的东西别人也想要，别人的需要也会和自己的需要一样，并且别人和自己会用同样的方式思考，更别说父母本就对孩子有着保护意识，生怕孩子受委屈。因此，当一个九岁的女孩没有被邀请参加聚会时，她的母亲可能比她还伤心；当一个女孩没有被选为学生会主席时，她的父亲可能比她更失望。这些女孩成了父母情感的承载者。与之前几个角色类似，这时父母的视线也是模糊不清的。

　　在某种程度上，这种延伸理论是自然的：当女孩在公共场合表现欠佳时，就反映了父母的失责；如果她和朋友们闹矛盾而被其他父母发现，那么其他父母在提及她时则只会将她称为"某某家的女儿"。虽然孩子是父母的延伸，但她们也有自己的身份，并且需要面对自己造成的后果。

　　我们看到许多母亲不自觉地将自己最大的女儿视为自己的延续，她们觉得大女儿的任何优点都是理所应当的，而对其缺点紧盯不放。从本质上讲，她们对待大女儿的方式和对待自己的方式别无二致。

　　　我（赛西）曾遇到一位母亲，她对女儿的要求比对儿子的要求要苛刻得多。她将女儿视为与自己相像的延伸人物，因此对她抱有很大的期望。这位母亲不想被溺爱，所以她也不溺爱女儿，却对儿子格外地关照。她只字不提她为女儿感到骄傲，却会大谈特谈儿子取得的成就。

　　的确，不论是好的还是坏的遗传，女孩身上都有父母的基因，她的身上也延续了父母的部分个性、举止和外貌，但是她终究是属于她自己的个体。当父母为她与自己相似的优点感到自豪时，并不意味着父母在自我吹嘘；抓住她的弱点不放进行批评，也不能改变自己的弱点。当父母将她视为独立的人时，她就会更加自由地成为独特的自己，拥有所有属于她自己的长处和弱点。

接纳自己的平凡与不完美

　　亲爱的读者，也许你在以上的某个模式中看到了自己，并意识到自己养育孩子的视线中有一些模糊不清的时候，影响了自己看待女儿的方式。现在你该怎么做呢？你要如何擦亮双眼，将女儿看得清清楚楚呢？以下为有三个实用的建议：分开眼中的梁木、接纳平凡的自己和放弃完美的图景。

分开眼中的梁木

　　你自己眼中有梁木，怎能对你弟兄说"容我去掉你眼中的刺"呢？你这假冒为善的人！先去掉自己眼中的梁木，然后才能看得清楚，去掉你弟兄眼中的刺。

　　这段文字可能令人困惑，这和养育子女有什么关系呢？其实就好比你眼中的"梁木"一直延伸到了你女儿的眼睛里，然后你却觉得在她眼里发现了"刺"。你的"梁木"和她的"刺"往往是同一个东西，或者感觉像是一样的——这些其实就是我们难解的心结。

正如有时很难知道你的问题何时结束，她的问题何时开始一样，你也很难知道你眼中的"梁木"是在何处变为她的"刺"的。

　　我（赛西）曾接待过一对母女。母亲对她十几岁的女儿感到很失望。她的女儿有几门功课不及格，于是她每天都会询问女儿家庭作业的完成情况。当女儿还没有完成作业时，她就会很生气。乍一听，问题不是出在"梁木"上，而是出在"刺"本身。

　　然而，这位母亲不断积聚的怒气告诉我们，在她眼中某个地方存在着"梁木"。她的丈夫在六个月前去世了，她告诉那些想帮助她的人她很好，但她其实是在咬紧牙关撑着，同时也将女儿抓得更紧了。她的"梁木"是她不想陷入悲痛情绪，于是试图通过控制女儿来控制自己的情绪。

　　当我和她们见面时，我试图让她们分开彼此的"梁木"和"刺"。母亲需要看到她的悲伤如何加剧了自己的愤怒，又如何增加了控制女儿的需要；女儿需要为自己的成绩负责。"梁木"和"刺"，"刺"和"梁木"，其实是一体两面。

　　作为父母，当你试图好好地爱自己的女儿时，生活总会以各种方式挤占你的内心——你过去的生活、现在的生活，或是对未来的恐惧，都可能会成为你眼中的"梁木"。

　　当你告诉女儿她需要减肥时，你父母的声音突然在你耳边响起，这种场景似曾相识。当你刚刚离异时，你可能会感觉自己无法客观地管教女儿，你对允许她做某些事情感到害怕，因为你害怕未来可能出现的后果。

作为父母，你需要倾听自己的生活，并试着从中确定哪些是你的"梁木"，哪些是她自身的"刺"。你可以写日记，与朋友或伴侣交谈。你也可以注意一下自己是否经常对女儿感到失望，或是对某个孩子比对其他孩子更为失望，这种情况是否会不断反复地唤起你对她的情绪反应？是否还有别的问题挤占了你的生活，从而可能影响了育儿？

这些问题将帮助父母从女儿的"刺"中辨析和拆分出自己的"梁木"。如果父母仍然觉得困难，就请联系可以为父母和孩子一起提供辅导的咨询师。当父母找到将自己的"梁木"从女儿的"刺"中分开的地方时，就能更清楚地看到她，并且对自己多一些宽容。

接纳平凡的自己

我（梅丽莎）最近去滑雪，这是自10年前我头部受伤后第一次去滑雪。那次事故影响了我的平衡和反应能力，所以我很紧张。我告诉赛西和米米，第一天我不会和她们一起滑雪，因为我需要一个人集中精力，做好身体准备和心理建设，我希望能像以前那样滑雪。但到了那里后，我总感觉靴子不合脚，穿着不舒服；我忘记了怎么在转弯时控制滑雪板；我也不记得该如何点杖①。我越是努力地尝试，就越紧张和沮丧，然后我身心俱疲。

于是，我决定今天到此为止，先往回走。回程路上，我沿着一个比较容易的斜坡滑。突然间我意识到，我非常享受这个

---

① 在滑行转弯的时候，将滑雪杖点到雪中的动作。——译者注

过程，我不再觉得周围的人挡了我的道，我也开始变得更友善了。我还注意到了周围秀美的山林。当下我感到怡然自得，就在那时我意识到当一个普通的滑雪者也没什么大不了的。

最近，我向学龄前儿童母亲的小组讲述了这个故事。我告诉她们，我滑雪的经历就像是为人父母。试图成为伟大的父母只会让自己感到紧张、沮丧和疲惫，做一个平凡的人也没关系。平凡的父母可以腾出手来，有更多时间和孩子共处，并能用更清晰的视线来看孩子。

我在那天的演讲中并没有对这个说法进行过多的说明，但她们马上有了如释重负的解脱感。演讲结束后，每个与我交谈的女性都告诉我，她们非常感激我让她们明白了做一个平凡的人也没关系这件事。

今天，父母在做"正确"的事上面临着前所未有的压力。父母耳边会不断地响起这样的声音，如"要与你的每个孩子共度高质量的亲子时光""教他们明白事理，但不是以拘泥于规矩和条文的形式""在一切都为时未晚时和他们谈论性和酒精的问题""确保他们建立了良好的自尊""在正确的时间让他们进入合适的学校""给他们一切机会"。这些足以让人成为一个灰心丧气的滑雪者！

不要太在意要在何处点杖，而是可以像我一样有意地放开手。是的，我们希望父母看看自己的生活。诚然，本书介绍了许多实用的技巧，更别提床头柜上早已堆满的各种优秀的育儿书籍，但是父母不可能将每件事情都做到完全正确。女儿想要和需要的并不是完美的父母，她需要的是你。

放弃完美的图景

在匿名戒酒会上有一个说法："期望为怨恨埋下了种子。"期望有时也是可预见的失望，但是每个为人父母的人都可能带着这些因期望而产生的怨恨和失望进入家庭生活。

> 我最近见了一家人，他们送女儿考特妮参加了一个野营项目。在参加野营项目前，考特妮每晚都会偷偷溜出去和不同的男孩见面，还酗酒。父母已对她束手无策。

> 然而，在结束夏令营后，她在家待了一个月都没有惹麻烦。为此，我和她的父母都十分激动。当谈到父母各自的情况时，她的母亲哭了起来："我非常为考特妮自豪，我看得出她真的很努力。她已经将错误都留在了过去，现在她做得很好。只不过，我还是放不下。我似乎无法忘记'每个人都知道发生了什么'这一事实。我知道人们仍然在谈论考特妮之前做了什么，以及我们是如何不得不将她送去野营的。我放不下的部分原因是我觉得尴尬，但相较于其他解决方法，我可能得放下自己对'我的家应该是什么样'的想象。"

作为父母，你会有很多的展望和理想化场景，想象着家庭中出现的各种重大场合，包括从她第一天上学到她的婚礼；你也想象着平凡的每一天——一家人围坐桌旁，享受彼此的陪伴，一起玩游戏，去海滩度假，共同阅读并分享感受。

有一些场景可能已经发生了，有些还没有：当孩子因病毒感染而生病，全家只好在家待一个星期时，海滩之旅就泡汤了；上学的第一天，孩子哭着到了班级门口，这不是你所期望的理想画面了；因为她的父亲去年去世了，所以她的婚礼和当初预想的也不一样了……如此种种，不胜枚举。

在人生中，人们往往不得不放手，不再执着于所梦想或规划的完美图景。愿景无疑是很重要的，这是我们在第 6 章中谈到的"渴望"的一部分。这些愿景帮助人们理解自己的需要，以及思考在现实中该如何满足，甚至学会反思当孩子没有达到自己的期望或是与期望不符时该如何面对失望。这种情况仍是美好的，哪怕不是当初心中所想的那样。

人们很容易会对不存在的事物感到失望，从而忽略了眼下现有的事物。人们不仅对生活如此，对生活中的女孩也容易产生这样的态度。考特妮的母亲被女儿过去的画面所困住了，以至于她很难为眼前女儿的进步而欢欣鼓舞。

女孩需要父母为她绘制一幅蓝图，帮助她想象她和父母可以成为什么样的人。然后，她需要父母放开对蓝图的执着，亲眼看到她的独一无二，并因为她本身而喜爱她。

拨开云雾、看清养育女儿是一项困难且需要勇气的工作，需要付出很多努力。这需要父母愿意诚实地审视自己的生活，审视自己的"梁木"、自己的期望和需求。虽然这些早已经深深地影响了父母的育儿方式，但是当他们审视这些时，他们的视线会逐渐清晰。当他们的视线足够清晰时就能看清女儿，发现她身上的独特之美。

第 11 章

愿景是你送给女儿的一份影响深远的礼物

RAISING GIRLS

我们每个人的身上都需要有一个特性，那就是相信我们比自己敢于想象的要更聪明、更优秀、更有天赋。因为这是我们每个人开始听到自己独特的使命召唤的方式之一。

——鲍勃·本森（Bob Benson）

《在房子里见》（*See You At The House*）

在我（梅丽莎）读高三时，班上的每个人都一心想参加学校的戏剧演出，而我是最有希望的。但对那个我和朋友托达都想得到的角色来说，她是不二人选。试镜时，托达的表现非常出色，而我的表现则平平无奇。但第二天早上公布演员名单时，却是我得到了那个角色。

我的老师杰弗里先生给了我这个角色，但我知道自己不配，出于一些我不明白的原因，他在我的身上看到了更多的潜力。可以说，他对我有一个愿景。在那个春天，为了要成为默里高中有史以来最好的演员，我竭尽全力地努力练习。

作为父母，当回想起自己的成长过程时，你可能会想起生命中也有一个很像杰弗里先生这样的人，那个人相信你比你所想象的要更聪明、更优秀、更有天赋。那个人对你有一个愿景，他不仅看到了现在的你，也看见了你可能成为的人。

愿景是父母能送给女儿的一份巨大且影响深远的礼物。这份礼物表明父母了解她，了解她身上所有的长处和短板，能看到她是谁；父母也看到了更多的事情——看到了她站在成为独特自己的旅途的起点。

接纳你的女儿真实的样子

你的女儿是谁？她是班级里的领导者吗？她幽默吗？她天生就擅长和动物打交道吗？数学是她的偏弱科目吗？她与朋友相处时会遇到困难吗？她在所处的任何团体中都感觉自在吗？她会对别人挑剔吗？她有温柔的心肠吗？她有创造力吗？她的优势是什么？她的弱点是什么？

有时父母很难看到女儿身上的两面性。当她对你大吼大叫或是连续两个晚上都是很晚才回家时，她身上的缺点会很明显了。特别是当你非常生气的时候，就更难想起她的优点。而当她做得很好，如在学校获得品德优秀奖或打进制胜一球时，你又很容易忽略她的缺点。也就是说，当她的某个方面被过于放大时，你就很难看到她的另一方面。

我们发现一些父母会自然而然地倾向于只关注于女儿的优点或缺点，因此他们很难看到所爱女孩的其他方面。

优点发现者

"我的女儿永远不可能那样做。"一言以蔽之，这就是那些只看到孩子优点的父母发出的天真声明。他们看到了女儿身上的优点，却忽略了其缺点。从本质上讲，他们对女儿的真实面目选择视而不见，而只是紧紧地抓住那些能给他们带来安慰的部分。

这些父母认为他们的孩子总是正确的，错误的是学校、朋友、咨询师或那些惹麻烦的人。他们会觉得自己的女儿是最优秀的，因而看不到女儿也能做糟糕的事情。

> 最近，有一位这种类型的母亲来找到我们，向我们表达了她对她女儿所在学校的失望和不满："他们已经盯上琳达了，因为他们觉得她老是惹麻烦，所以他们就抓住这点不放。他们说琳达对其他孩子不友善，在学校不努力。其实我也知道她确实如此。出于某些原因，他们总是想给她小鞋穿，就好像要对付我们全家一样。"

在这个孩子身上可能发生两件事。第一，她会开始将自己视为受害者。她会真的认为其他人都在伤害她，而她是无辜的受害者。她无法学会将自己当作责任承担者，甚至有时是造成伤害的一方。

第二，有这种父母的女孩可能会相信，她的父母并不是真正地了解她。我们经常听到女孩说："我妈妈说我很漂亮，我知道因为她是我妈妈，所以她才这样说。"

女孩有洞察力，知道大人什么时候夸奖她们是为了让她们感觉更好。正如前文提到的，她们了解关于自己的真相。当父母忽略了这个真相时，她们就认为父母不了解她们。这时，父母的赞美就会变成对牛弹琴。

缺点关注者

丹尼尔只能看到 16 岁女儿的缺点。他告诉女儿她太自私了，她应该要花更多的时间与家人在一起，她还应该感谢父母为她所做的一切。毕竟在丹尼尔看来，他们是生活在一个家里，而不是一家包食宿的酒店里。

丹尼尔感受到的沮丧是许多青少年的父母都体验过的。作为父母，当你的女儿处于自恋阶段（见第 4 章）时，要看到她的优点并非易事。当她表现出自私、愤怒或不服管教时，要指出她有什么优点几乎更是不可能。她身上的这些部分是如此令人痛苦、失望，以至于许多父母将他们看到的这些缺点当作了她的全部。

同时，这也时常会使孩子感到愤怒，因为她无法从父母那里得到自己渴望的正面、积极的关注，所以她会不择手段地去获得可以得到的关注。她会更多地在行动上表现出来，不惜一切代价去引起父母的注意。

不过，她也可能就此放弃，因为她知道自己无法讨得父母欢心，于是就停止了努力。

一个青春期少女最近告诉我们，她的父亲曾因为她的穿着打扮而称她为"不良少女"。到现在，她每天晚上都会偷偷溜出房间去见不同的男孩。这样做不是为了钱，而是因为她坚信她能从男孩那里得到认可，而这种认可在父亲那里得不到。她已经对父亲不抱什么期望了。

通览优缺点

对父母来说，女儿身上不是只有优点或只有缺点，她是一个融合了优点和缺点的混合体，有时其中一个方面会非常突出，而有时另一个方面则会更加显著。为了让她把握住父母对她的愿景，她需要知道父母既能看到她的优点，也能看到她的缺点。

在成长过程中，我（赛西）是一个优秀的伪装者。我过去（其实现在也可以）很擅长说服别人，让他们相信我是一个善良、能干、聪明的人，而且他们也会相信我，于是我被选为各种俱乐部的主席，还被评为班级"最友好的人"。不过，我知道自己的真面目。我知道，我自私的时候比善良的时候多；我知道，我没什么耐心，挑三拣四，还经常发脾气。

因此，我对自己获得的许多赞誉都置若罔闻。我希望有人能看到我最好的一面和最坏的一面，并且能在不同的情况下仍然相信我。我希望有人只是因为我这个人而不是我取得的成就而爱我。

在我成长的过程中，我的邻居朗斯一家就是这样对我的。在关心爱护我的同时，他们也会戏弄、取笑我。他们对于我担任的职务或获得的奖项并不感兴趣，对他们来说，我就是赛西。在那些年里，除了朗斯一家外，我的生活中再也没有其他人会宠溺地唤我"小鬼"。我对这个有爱的家庭充满感激。

女孩知道自己是谁，她明白自己既有长处，又有短板，她需要父母也明白这些。要使她相信自己会成为父母愿景中的那个人，她就需要让她确信父母是完全按着她的真实面貌来看待她的。

带着希望、坚持和信任去全面地看待你的女儿

几年前，我（赛西）的一个朋友曾在一家杂货店对我说："你们一直都在谈论愿景，但是我真的不明白你们在说什么。我的女儿快让我疯了，她很自私，她对我不好好说话，只是大吼大叫。她也不关心家里的任何一个人。我到底要如何看待她做过的这些事？当她这样做时，你们觉得我如何才能对她有愿景？"

她的女儿正处在自恋阶段，而我的朋友对于如何帮助她束手无策。她知道女儿的自我感觉不好，她也知道女儿在与朋友的关系中遇到了麻烦，但鉴于女儿对待弟弟和母亲的方式，这位单身母亲觉得自己已经处于无法忍耐的边缘。她已无法再对女儿生出同情怜悯之心，更别说有任何愿景了。

她并没有错，找到愿景是一件很艰难的事。对于家庭之外的咨询师、老师和教练来说，他们能更容易地为女孩找到愿景。然而，对于和混乱的青少年生活在同一屋檐下的父母来说，拥有愿景简直是天方夜谭。

很多父母可能都会和这位沮丧的母亲提出同样的问题："你在说什么？愿景是什么？我要怎样做才能有愿景？"

我们将愿景定义为"当你带着希望、坚持和信任去全面地看待

你的女儿时，就会看到你的女儿的未来的图景"。这听起来并非易事。这就是为什么创造愿景不是父母的工作，把握愿景才是父母需要做的。父母满足下面四个主要元素，就能把握你所爱的女孩的愿景：静心思考、耐心祈盼，倾听内心的指引，预设她是最好的和坚持到底。

静心思考、耐心祈盼

愿景是需要父母把握的，而不是由父母创造出来的。

几年前，我（梅丽莎）在夏令营中讲授了关于愿景的话题。孩子们的反应和杂货店里赛西的那个朋友几乎一样。那天晚上，我讲了大约一个小时，解释得很透彻，然后我让孩子们谈谈对彼此的愿景。

场面一下子就陷入了混乱，20个高中生开始不安和紧张起来，有人大声说道："什么？我不知道该怎么做，也不知道该说什么。你是在开玩笑吧？"

我告诉他们，我希望他们能静心思考，耐心祈盼内心的指引。我希望他们相信自己能发现朋友身上的独特愿景。过了几分钟，在几声叹息后，他们得出了结论。

西莉亚（现在的她以能为所爱的人找到愿景而闻名）第一个发言，她说："约翰，我对你有一个愿景。我看到成年后的你是一个受大家喜欢的人。大家在你身边时会感到舒适和安全，就像我们现在这样。所以，我能看到你……"她闭上了眼睛，抬起头说："我能看到你在后院烤鸡，有两个儿子和一个女儿在你身旁追打嬉戏，你的妻子在做柠檬水，朋友们聚在一起聊天。有了你的陪伴，他们在你家玩得非常开心。"

西莉亚对约翰的愿景非常具体，可能比父母对女儿的愿景更具体。父母的愿景可能更多的是关于她会成为什么样的人，而不是她30多岁时在后院做什么。然而，西莉亚的愿景把握住了这一点。她静心思考，然后看到了约翰将成为什么样的人。当她带着希望、坚持和信任去全面看待约翰时，她看到了这个场景。

作为父母，你很可能已经捕捉到了这个愿景。当四岁的她穿着裙子翩翩旋转，想让大家看看她有多漂亮时，你就捕捉到了；当她送花给年迈的邻居时，你也捕捉到了；当她还是个孩子的时候，你对她的愿景就是关于她的温柔和敏感的。

然而，后来她进入青春期了，父母也不再怀有这个愿景。父母很难在她嘟囔埋怨和脾气爆发的时刻想起她那些温柔的特质。这听起来可比简单地静心思考和祈盼获得心灵指引要复杂许多，但我们相信父母有能力帮助孩子重新抓住这些愿景。

有一年秋天，一位灰心丧气的母亲含泪来到我（赛西）的办公室。"我的女儿斯凯勒15岁，她表现得好像很讨厌我。她所做的一切就是对我大喊大叫，无论我是想对她好还是管教她，她都是这个态度。我已经有放弃的想法了。"

她说："但后来我静下心来思考、祈盼，每当我想放弃的时候，就有个声音告诉我要坚持下去。这个声音还告诉我，斯凯勒不是这样的人。有趣的是，我脑海中也不停地闪现出斯凯勒还是个小女孩时的画面。这似乎是在提醒我，那些温柔和美好的品质仍在她体内，而且我知道总有一天这些还会彰显出来。

尽管有时我真的很想放弃，但我不会这样做的。她现在可能不愿意改变，但是我可以改变。我会不惜一切代价，帮助她成为我记忆里那个美好女孩的成年版。"

这位母亲为她女儿做的最好的事情就是静心思考、耐心祈盼心灵上的指引。这帮助她重新把握住了对斯凯勒的愿景，也帮助她对自己的养育方式充满了信心。她知道当斯凯勒没有成为愿景中的那个人时，需要给她展示相应的后果；而静心思考和祈盼心灵指引帮助她培养了耐心，让她相信"乘风破浪会有时，直挂云帆济沧海"。

次年夏天，斯凯勒来到了明日之星夏令营，她的身心得到了成长。当她的母亲在周末来接她时，我们告诉她斯凯勒的变化。她立刻热泪盈眶地说："这周我一直记挂着斯凯勒，我一直祈盼她和你们所有人一切顺利。"

斯凯勒的母亲通过静心思考、耐心祈盼，重新把握住了对女儿的愿景。内心的指引提醒了她斯凯勒是谁，以及会成为谁。斯凯勒仍在成长，她还没有成为那个"美好女孩的成年版"，但她的母亲的静心思考和耐心祈盼已经在她成长的方向上产生了巨大的影响。

愿景是一个谜。父母即使绞尽脑汁也无法凭空创造出一个愿景，但是当父母带着希望、坚持和信任去全面地看待他们的女儿时，就会看到她将成为什么样的人，看到她美好和独特的天赋。

倾听内心的指引

有时我们总想替老天爷来做决定，每个人都难免主观臆断，假设在生活中和养育子女时的某件事"注定就该如此"，但实际情况有时并不是这样。

> 几年前，我（赛西）为一位年轻女孩提供咨询。她的父亲告诉她，她命中注定会成为一名歌手。她绝对有天赋，也有足够的能力来做这件事。然而，她内心深处的愿望是成为一名兽医。
>
> 因此，她不知道该如何回应父亲的期待，父亲正计划着担任她的经纪人。她不想让父亲失望，但她觉得内心有个声音在呼唤她去别的地方。

本章谈到的愿景与其说是女孩要做什么，不如说是她要成为什么样的人。这是一个只有通过静心思考、耐心祈盼才能把握的愿景，父母要聆听内心的指引并接受它。

作为父母，你觉得你女儿的生命中有什么独特之处？她在哪些方面拥有她特别的天赋？你的女儿现在是如何运用这些天赋的？未来又会在哪些地方发挥这些天赋呢？

无论女孩参加了什么活动或是产生了什么想法，她的生命中都有美好的安排和意义深远的礼物。

父母可以观察她与朋友的互动，留意她对困难的处理和对难相处的人所做出的微妙回应。父母在聆听内心指引的同时观察她，就能更多地看到她是谁。

在聆听中，父母的立场和信心将更加坚定，他们将不会再被她青春期的喜怒无常而折腾得心力交瘁；父母能有坚定的信心去信任她与生俱来的才能和使命，而不是按一厢情愿的想法；父母也能听到和看到她将变成什么样的人。

我们在为女孩的父母提供的课程中，安排了一组处于青春期的女孩来参加最后一课。在这节课中，父母和祖父母可以向女孩提出任何他们想问的问题。

最近，有一位母亲想请每个女孩谈谈她们的母亲所做的、她们认为对自己生活有影响的事情。

五个女孩全都谈到了她们母亲寻求并倾听了富有智慧的内心的指引。当她们被问到母亲做了什么事时，一个女孩谈到，每天她早早起床时，都会看到母亲在厨房里拿着书籍和一杯咖啡。另一个女孩说，她知道母亲每天都会凝神静思与她有关的事。还有一个女孩说，她知道母亲在为家庭做决定时真的会静心思考和祈盼指引。

换句话说，这些女孩的母亲倾听了内心的指引。提出这个问题的那位母亲在课后走到我们面前，激动地说："我知道女孩们需要什么样的母亲了——她们需要一个精神上的磐石。"

在这些青春期女孩的答案里，她们的母亲听起来确实像精神上的磐石。然而，这些母亲其实并不是这样的，她们只是深深地爱着女儿的母亲，虽然这份爱并不完美，但更重要的是她们愿意倾听，以便能凭借内心的指引获得育儿启发。

预设她是最好的

我们在做了几年的咨询后发现有一种家庭经常到访。他们有着不同的名字，孩子的组合也不同，但是他们有同样的动态变化。

其中的一个家庭有一个女儿，我们称之为"杰基尔博士/海德小姐"①。这个女孩的表现就是典型的少女模样，相处起来令人愉悦。经过几次咨询后，我们几乎都想不起她为什么要来咨询了。但在随后与她的父母的谈话中，他们却说："利兹可能跟你说了她一切都好——她喜欢学校，有很好的朋友，并且有幸福的家庭。大部分的确都是真的，她确实爱上学，也有很多朋友，成绩也不错，老师们都很喜欢她。但她在家里却像个怪兽，好像她把所有的坏情绪都积攒着留给了我们。她回到家话也不说就直接回到自己房间。如果我们发出想和她共处的邀请，她就像被点燃的炮仗一样。家人在利兹身边都感觉如履薄冰。"

像利兹这样的女孩，身上有好几种动态变化。她的父母在许多方面的看法都是正确的，她很可能是将情绪全积攒着到了家中再释放。她觉得自己必须在学校里表现得友好和善良，以便被人喜欢，但她只能在学校里保持这种积极的形象。当她回家后，那些在白天受到的感情伤害或失望情绪都会一并爆发出来。这绝对是一个问题，但是最主要的问题是利兹心中对于取悦他人这件事的看法。

我们希望利兹看到，她的价值不仅在于自己的友善和微笑，她身上还有很多地方是值得他人喜欢的。然而，她正在经历的却是一个自我应验的预言：利兹觉得，只有自己表现得可爱和善良，人们

---

① 杰基尔和海德（Jekyll and Hyde），是作家罗伯特·路易斯·史蒂文森（Robert Louis Stevenson）创作的长篇小说《化身博士》（*Strange Case of Dr Jekyll and Mr Hyde*）中性格截然相反的双重人格人物，现已成为心理学中"双重人格"的代称。——译者注

才会喜欢她，因此她在学校时会这样做。可是，为什么她在家里就不一样了呢？到底发生了什么？——她的家人不喜欢她，把她看成一个在家中纵横肆虐的暴怒的怪兽。她明白这一点，她能感知到家人对她的看法，并以同样的方式看待自己。从这一点来看，愿景是可以被捕捉的。

在当下，利兹的家人对她抱有最糟的看法。他们预设她脾气很差并且是故意将所有愤怒都发泄在家人身上的。这就使得这个自我应验的预言像个雪球一样不断越滚越大。如同杂货店里的那位母亲，利兹的家人无法带着同情心来帮助她，也无法为她把握愿景。

不过，他们能做的是开始预设最好的情况。他们可以相信利兹并不是在故意积攒她的愤怒。利兹也许是真的受伤了，也许她在学校里遭受了太多的拒绝，以至于无法保持好的面貌，好让别人喜欢她。这对一个青春期女孩来说是一种巨大的压力。如果她的父母能够看到利兹面临的这种情况，他们也许能够产生一些同情心。

同情能帮助利兹的父母将她看成一个女孩，而不是怪兽。他们可以帮助利兹处理在学校受到的伤害以及在家里释放的愤怒，但他们需要首先预设利兹这个人是最好的，而不是最糟的。这样就可以有以下这样的对话："利兹，我知道你在学校里可能遇到了很麻烦的事情。你可能和我们一样，都厌烦了愤怒。我们想帮助你，我们想带你和某个人聊聊。那个人能让你像我们看待你那样看待自己，在我们的眼中，你是一个可爱、善良、坚强的人，哪怕有时有些混乱，但你不必被取悦他人的想法或自己的愤怒所摆布。然后，我们再来处理家里的事情。我们想帮助你处理自己的感受，想帮助你不再将气撒在家人身上。我们明白你甚至可能没有意识到自己曾经这样做了，但以后再发生这样的情况，我们就会将你禁足，这是为了帮你打破这个循环。我们也不想走到这步，但我们是真心地想帮助你卸下包袱。"

利兹的父母仍然会在她做错时向她展示后果，但他们在展示后果时，会以最好的情况来看待她。他们将看到的是"她是谁"，而不是"她能成为谁"。

不过，不得不说的是，这种预设最好情况的想法听起来几乎不可能达成。作为父母，你可能正面临失怙或失恃的伤心，或正在应对伴侣的背叛，甚至可能只是忙着洗全家的衣服。这些情况中的任何一种都有可能让人觉得"预设她是最好的"是不可能的，事实也确实如此。至少在缺乏静心思考、耐心祈盼和倾听内心的指引的情况下是不可能的。

人们天生就倾向于预设事情最糟糕的情况，但当人们静心思考和聆听内心的指引时，就可以让批判的声音停止。父母可以借此看清自己身上存在的问题和不安全感，从而更全面地看待自己的女儿，这样就能重新把握住她天赋的愿景。

坚持到底

愿景不仅难以获得，而且难以维持。作为父母，你可能已经静心思考、耐心祈盼，倾听内心的指引，并预设女儿是最好的，但随后你可能会接到警察的电话，说她偷窃被抓了现行，已经被带到了少管所。愿景在此时幻灭了。

当父母好不容易开始意识到女孩内心与生俱来的对他人的体贴，并且看见她在学校时是如何影响他人的生活时，却又在经过她的房间时，听到她在电话里叫另一个孩子"贱女人"。现在她对他人的体贴都去哪儿了？父母又该如何预设她是最好的？

作为父母，你要做的就是坚持到底。你的女儿正在成为独一无二的自己，只是还没有走到最后一步。在这些年里，愿景可能只是昙花一现，然后就会消失，这在大多数人身上都是如此。不过，不要放弃她，也不要放弃她与生俱来的天赋和品质。愿景正等着你去捕捉和把握。哪怕发生了你所能想到的最糟糕的情况，她的本质和天赋也不会就此消失无踪。坚持到底吧！

愿景是神秘的，不仅因为我们与愿景的创造毫无关系，还因为它正在被我们捕捉和把握。你有机会去发现上天为你女儿所安排的愿景，当愿景变得模糊时，更需要你坚持去探寻。

随着时间的推移，你的女儿也会开始把握天赋的愿景。当你发现她的天赋才能时，她也会开始看到这些。当你相信她有才华，或善良，或有趣，或温柔时，她也会开始相信。她会捕捉到你对她的愿景——上天赋予她的独特图景。

第 12 章

享受与她共处的时光

RAISING GIRLS

没有人会听你的，除非他们觉得你喜欢他们。

——唐纳德·米勒（Donald Miller）

　　将胸罩挂在吊扇上旋转对我（赛西）来说并不是什么有趣的事，但却是去年夏天几位少女的一大乐趣来源。在营地里辛苦了一天后，我非常开心终于能上床休息。当我闭上眼睛时，却听到隔壁房间传来的笑声——要知道，隔壁的另一侧房间里还有 18 个刚刚进入梦乡的二至四年级学生呢。我迅速起身走出房门查看情况。

　　我发现发出笑声的是五个领队女孩，她们是我们信得过的孩子，也是营地里其他孩子的榜样。开门映入眼帘的是被挂在吊扇上旋转的胸罩，而她们坐在地上笑作一团。

作为父母，当你发现你的女孩对于乐趣的想法与你完全不同，或是当她们感觉找不到乐趣时，你该如何享受和她们共处的时光？在那晚，我肯定是不知道答案的。我想我的表情已经传达了所有我没有说的话，然后我径直回到床上。

对于关爱女孩的人来说，总会有那么几个看到"吊扇上旋转的胸罩"的无语时刻。作为咨询师，有时我们根本无法振作起精神，或者丝毫不觉得加入她们正乐在其中的事情对我们会有什么帮助。

但是也有例外。有些时候，和她们一起散步时会看到双彩虹，或者在教她们骑自行车的过程中感受到乐趣，或者只是简单地与她一起开怀大笑。女孩需要这些时刻，正如作家唐纳德·米勒所说，她需要知道父母喜欢她；父母也需要这些时刻来强化自己在亲子关系中看到的事情，有时也是为了提醒自己对她的喜欢。

你对待她的方式决定她对你的喜爱程度

不妨回想一下，你还记得在求学阶段的哪些老师？谁对你产生了积极的影响？相信那些对你产生最大影响的老师未必是最聪明或最严格的，甚至不是大家觉得最"酷"的人，而是那些似乎对你格外青睐的老师。

那些老师让学生想要努力完成阅读和协作任务，或者在课堂上更认真地听课。学生自发地想帮助他们布置布告栏，还会确保自己的母亲为他们送上最好的圣诞礼物。学生对这些老师的喜爱往往并不与他们的教学技能有关，而是与他们对待学生的方式有关。即使是年幼的学生也能感知到这些老师享受与学生共处的时光，这样有助于每个学生都感觉到自己受人喜爱。

我们告诉来明日之星夏令营的实习生们，有时提供给儿童或青少年的最好礼物就是简单地与他们同乐。感到自己被人喜欢的孩子会更容易倾听、回应，并意识到自己身上可能有一些令人愉快的地方。

对我们来说这很容易，因为我们只和女孩共度一个小时的咨询或一周的夏令营，之后就会将她们送回父母身边。父母将和她们一起经历比"吊扇上旋转的胸罩"更棘手的情况；父母会听到她大喊"我恨你"，看她一次次摔门而出；特别是在青春期时，父母会和她一起经历大部分最糟糕的情况，感觉几乎没发生过什么好事。

如何在一地鸡毛的生活中找到与孩子的共处时间

作为父母，你可能遇到过以下这些情况。

到了下午，你终于有了一些空闲时间，可以和六岁的女儿坐下来玩她最喜欢的桌游。这时，电话响了，你母亲告诉你她的朋友刚刚确诊癌症。游戏和亲子同乐被搁置了。

* * *

你已经很久没有和你 13 岁的女儿一起做任何事情，真正地享受乐趣了。因此，你告诉她放学后要带她去购物，她看起来很兴奋。到了放学时间，当她走到车前时，你看到她眉头紧锁，上车后也不愿意和你说话。没有解释，没有笑容，也没有一句"妈妈，我好激动能和你一起去购物啊"，你怎么会从中感到快乐呢？

我们发现，在和女儿分享乐趣这件事上，亲子双方都有各自的绊脚石。这些绊脚石非常"狡猾"，总是在"适当"的时机出现，妨碍了双方去享受从对方身上获得乐趣。父母和女孩分别面临着哪些绊脚石呢？

父母面临的绊脚石

"要是我不做，又有谁来做？"这句话让许多父母难以迈出和孩子同乐的那一步。

比如，你9岁的孩子拽着你的袖子央求你陪她打网球；而你眼里却是厨房里堆积如山的碗碟还有桌上待付的账单，没有人有能力或意愿来帮忙。

又如，你12岁的孩子希望你在星期天下午和她一起去看电影，但你需要帮她收拾和打包夏令营的行李，还得在她所有的衣服上缝上她的名字——她自己肯定没办法完成这些事情。你又怎么可能同时做两件事呢？

孩子们需要感觉到与父母共处的乐趣，也需要被叫醒、喂食，需要父母开车接送她们上下学、带她们去课外兴趣班，需要父母准备晚饭填饱她们的肚子、辅导作业、互道晚安……这中间还有更多琐事。很多育儿专家都告诉父母要享受陪伴、亲子同乐，但父母也清楚孩子要靠自己来抚养。一般来说，这两者似乎是无法兼容的，该怎么办？

于是，我们常听父母会这样抱怨："我太忙了，哪还顾得上享受乐趣？"的确，一天只有24小时，根本不够。

比如，你很想享受和子女、伴侣、朋友，以及被严重忽视的小狗一起共度的欢乐时光。没有人觉得和你相处的时间是足够的，而你也没有留多少时间给自己！

又如，你每天要工作九个小时，有时甚至是十个小时。你在孩子们醒来之前就出门工作，经常在他们晚上上床的时候才回到家，几乎连讲睡前故事的时间都没有。你需要平衡事业、婚姻、孩子、社交生活、精神健康等，这会使得享受乐趣成为非常长的清单上的一条附属补充，大概要等到下周或是下个月才会提上日程。

你会怎么办？如何在一地鸡毛的日常生活里找到时间来和孩子分享乐趣？

> 有些失望的父母会说："反正不管我做什么，她都不感激。"我（赛西）非常清楚地记得上小学时祖母给出的一个智慧的建议。我的祖母海迪是一个非常慷慨的女人，但她的慷慨是有限度的。她说："甜心宝贝，人们喜欢被感谢，一张感谢卡片会让人们感觉到你很感激他们为你所做的一切。那些不被感谢的人最终会停止付出。"
>
> 在那次谈话后，我会确保自己在收到祖母的礼物后都会写一张感谢卡片给她，无论礼物是大是小。但是我记得我没有写给过我的父母。因为在我看来，他们是我的父母，给我礼物是理所应当的。

女儿对父母表示感谢是一件很少见的事情。她对父母的看法与我对我父母的看法基本一致：我知道他们爱我，愿意为我做任何事情——但这是他们的工作，为什么我要感谢他们（但我想说，爸爸妈妈，我其实非常感谢你们）？

特别是在青春期，女孩是自恋的，此时的她比以往任何时候都认为自己拥有的一切是应得的。在 16 岁时，她理所应当地会获得一部手机、一台笔记本电脑和其他她想要的东西，事情就应该是这样的。

当女孩生活在这种将一切都视为理所应当的状态时，与她相处可能就不是那么愉快了。父母带她去旅行，她从不言谢，不仅不领情，还几乎不和父母说话；父母带她的几个朋友去吃午饭，期待能加入她的世界分享乐趣，她却在朋友面前取笑父母。"我不知道该怎么亲子同乐，她已经是个少女了。"那么父母该如何和她相处呢？

作为父母，当你的女儿愿意和你在一起时，要享受和她相处的时光是非常容易的。在她读小学时，可以一起烘焙、一起玩游戏或一起散步。她会握着你的手，告诉你她爱你。

到了 13 岁，她将不再紧紧抓住你的手不放，而且她肯定不想和你在一起。当你建议全家人一起去某个地方时，她会不情愿地哼哼唧唧；当你邀请她一起玩游戏时，她会不屑地笑。

你该怎么办？她已经是个青春期少女了，除了争吵，如何才能找到她真正愿意和父母一起做的事情？

她的幽默感包含了嘲讽和身体发出的噪音。当看到有人摔倒或表现得傻里傻气时，她会大笑，但这对父母来说一点儿都不好笑。

她喜欢喧闹嘈杂的音乐。她和朋友们在一起时非常开心，而那些朋友们似乎与父母有很大差别。她喜欢滑板和日本动漫，但这与父母的休闲活动格格不入。

"她觉得有趣的东西我都不会喜欢，该怎么亲子同乐？"从表面上看，父母和女儿往往很难有共同点，父母又该如何与她分享乐趣呢？父母怎么才能找到一些双方都感兴趣的事情来一起做呢？

女孩面临的绊脚石

"我的父母很无聊——他们不会做任何有趣的事情。"太多的孩子都认为自己的父母是这样的，这实在令人惊讶。可悲的是，有些父母也承认自己在有了孩子以后就不再有时间玩乐了。

> 我（梅丽莎）最近见了一位母亲，她正为青春期的女儿头疼不已。我告诉她，我希望她能享受养育孩子以外的生活，因为目前为人父母这件事无法为她带来乐趣。"你和你的丈夫最近一次不带孩子的旅行是什么时候？"我问她。
>
> "我不记得了。"
>
> "那你们最近一次一起外出是什么时候？我指的是就你们两个人。"
>
> "唔，大概是在孩子们足球比赛和舞蹈练习时吧。我们真的必须在家陪孩子。我们没什么时间……"她接着说，"我知道，我们太无聊了。"

连这位母亲自己都觉得他们的生活单调乏味。除非是和孩子一起，她和丈夫都无法自己找一些有趣的事情做。

这种情况发生在父母身上是可以理解的，但这并不像很多父母所认为的那样会对孩子有益。女孩需要看到父母在她以外有自己的生活。为了让她知道她可以享受和父母在一起的快乐，她需要首先看到父母能在生活中自得其乐。

"我不喜欢我爸妈喜欢的东西，该怎么享受共处？"这是孩子的真实心声，这就是为什么对父母和孩子而言这都是个绊脚石。父母和孩子通常没有相同的兴趣爱好，在一个空闲的星期六下午，双方不会选择同样的活动。

如何解决呢？通常是父母妥协了。父母可以邀请她来分享父母的快乐（我们将在下一节继续谈论这个话题）。同时，父母也要学会关心和欣赏她喜欢的事情。

如果她喜欢日本动漫，父母就要学着欣赏动漫，聆听她对动漫的喜爱。如果她喜欢打长曲棍球，那么可以请她来展示如何用棍子击球。

不一定要将孩子的兴趣变成父母的，但是父母可以学着欣赏她对这些事物的热情，享受她对兴趣的坚持和她的天赋。即便她听的是硬核摇滚乐，父母也可以帮助她呼唤出真实的自我，可以让她告诉你她喜欢的乐队，而不一定要亲自去听。

成为她兴趣爱好的学生，但也别忘了继续坚持自己热爱的事物，父母和孩子同样都需要这些。

"我的爸爸只是对我说教，没什么好开心的。"几乎所有年龄段的女孩都会这样评论父母。她们不觉得自己被喜欢，所以不愿听话，但她们满脑子又都是信息和指令。

一位父亲告诉我们："我只有隔一段时间才能和女儿在一起，所以我必须珍惜每一分钟，有太多东西要教给她了。"

对父母来说，将智慧和经验传授给女儿是一件礼物，但随着她年龄的增长，需要缩短课程的时间而不是延长。因为随着她进入青少年时期，她的注意力持久度会逐年减弱。

与她分享快乐，有助于她感受到父母理解她、喜欢她，使她更愿意倾听和回应父母教给她的内容。在教导女儿的同时，也要享受与她在一起的时光。父母和女孩都需要让关系别那么紧张，这样才能享受彼此的关系。

与女儿同乐的"必需品"

在进一步阅读之前，试着回想电影《奇幻森林》（*The Jungle Book*）的插曲《必需品》（*The Bare Necessities*）的歌词吧。可以吹口哨或是哼唱，不管怎么做，都请试着记住动画里棕熊巴鲁教给狼孩毛克利的道理。

当我们一边努力地回忆歌词一边哼唱时，不仅我们的狗满脸好奇地看着我们，到最后我们也都笑了起来，乐在其中。这其实就达到了巴鲁的目的。

父母很难在感受女儿带来的沮丧的同时与她分享快乐。但这首歌的歌词提醒父母，尽管仍然可能体会到挫败感，但快乐会超越并取代这些挫折感。就如同聪明的棕熊巴鲁在歌曲中告诉毛克利要"忘记你心中所有的烦恼"那样。

作为父母，这一点有时的确很难做到，特别是当你对女儿感到忧虑或灰心丧气的时候。然而，她仍然需要你去和她分享乐趣，我们有一些自己的"必需品"，这些事情能帮助你更好地感受乐趣，并让你乐在其中。

退一步——休息

有时人们最大的敌人并不是某个具体的人，而是自己的联想。比如：你的女儿放学后直接回到了自己的房间，你便想到她再也不喜欢你了；她选择和朋友全家而不是和你一起去度假，你便想到她觉得他们更有趣；你问她问题时，她朝你大呼小叫，你便想到她讨厌你，想换一个母亲。

这些都是你的联想，你却误以为是女儿发出的信息，这最终会控制你的思想，进而左右你对女儿的行为。同时，你还会感到受伤或被拒绝，其实是你没有将她的所作所为视为发展的正常部分，反而认为这些行为与亲子关系有关。

事实上，女孩的大部分感受都与父母无关——哪怕她说有关。自尊心上的挫折、与朋友还有男孩相处时遇到的麻烦、渴望、激素变化，都会导致她情绪化。有时她是真的在对父母发脾气，但是接着她又会迅速地将脾气转移到下一件事上。

我们看到一些父母觉得自己被女儿伤得很深，所以认为亲子同乐的说法是不可能的。他们感觉自己没有得到感激，自己的付出也被认为是理所应当的，还得忍受来自女儿的拒绝。因此，我们需要再次强调，休息一下，不要让你的联想或你受的伤害来摆布你。

女孩需要你在她的情绪化中仍然爱她；她也需要相信，当她伤害你时，你可以自我调适心情。她希望你比她更坚强、更强大。每当她发表令人心如刀割的评论时，如果你痛苦地退缩了，就会导致她相信自己有很多的权力和影响。

　　珍妮的父母与其他一些父母不同。她的母亲非常敏感，哪怕是最轻微的回绝都使她很受伤。珍妮已经14岁了，经常回绝或顶嘴。每当发生这样的情况时，她的母亲都会直接回到卧室，连续几个小时都不理会珍妮，想让珍妮看到自己受了多大的伤害。

　　当她的母亲第一次以这种方式回应时，珍妮感到很难过。但三番五次之后，珍妮就不再在乎了。她没有将自己的行为视为对母亲的伤害，反而将母亲视为软弱的人。

与母亲相反，珍妮的父亲能够更客观地处理这样的情况。当珍妮伤害了他的情感时，他没有落荒而逃，而是以笑相对。当珍妮说他是世界上最刻薄的父亲时，他笑着回答说："好吧，珍妮，有一个世界上最刻薄的人做你父亲一定很可怕，你是怎么生存下来的？"然后，他就走开了。实际上，他是在和她开玩笑。他指出了女儿所说的话是无稽之谈，却是用一种轻松的、非指责的方式来说的。他没有因为女儿的反应而产生无谓的联想。

这是很难得的，它需要更多的耐心和更为客观的心态，主要是静心思考，对此父母还是可以做到的。女孩的情绪来来去去，但她是什么样的人却是不变的。当父母后退一步时，就能因为知道她是谁而开心，而不会受到她当时表现的影响。

放松

当你读到这里时，你的女儿正在按着自己的步调成长。她可能正和朋友们在泳池里嬉戏，或者在约会，或是正舒适安全地窝在床上……无论如何她都是正在成长，正在成为独一无二的自己。

父母显然是这个过程中的一个重要部分，但不是这个过程本身。在她成年之前，并不需要父母教授她每一门学问。她需要的是教她一些，然后放松，相信她，并且享受与她在一起的时光。

享受并不代表停止教育，只是意味着教她一些不同的道理。当父母放松时，是在告诉她父母信任她，并能发现她身上有很多东西是令人开心的。当父母找到放松和趣味横生的情绪宣泄口时，就是在教她如何缓解压力。父母在教她人际关系时既可以正儿八经地教，也可以通过玩耍教。

女孩不仅需要父母享受她的存在，也渴望父母与她分享快乐。要做到这点，就意味着父母必须先放松下来。当父母挪开那些绊脚石时，就能获得这种放松。这意味着，即使没有一直指导她的生活，也相信她会按着自己的步调成长。

这样做带来的结果是，在享受了一段时间的乐趣后，她会更愿意聆听父母的教导。在父母的指导和放松享受这两种情况下，她的真实自我都会绽放。最重要的是，在后一种情况下，她会觉得自己被喜欢、被理解，并感觉更加愉快。

玩耍

几年前，我们和布里安娜还有她的母亲德布一起参加了一个母女静修会。在星期六下午自由活动的时间，我们会去散步，或是坐在码头上，或是在院子里玩耍。布里安娜和德布直奔绳球①杆而去。

当时布里安娜14岁，精力充沛、活泼好动，而且有强烈的胜负欲。她的母亲德布则是幕后支持者型的，她对布里安娜的所有努力和尝试都会一如既往地给予支持和鼓励。然而，在绳球这件事上，她则没有给予支持。

---

① 一种双人运动，将球用绳子挂在一个三米高的固定金属柱上面，比赛时双方站在柱子的两边，尝试将球打往一个方向。当其中一方顺利将球完整绕在柱子上时，比赛结束。——译者注

德布和布里安娜开始你来我往地击打那个球，几个来回下来，两人都累得上气不接下气。其实我们也不确定她们气喘吁吁是因为劳累还是因为大笑。那天，包括布里安娜在内，我们都看到了德布从未展现过的一面。

不过，这并不是许多父母的常态。

我（赛西）记得小学时有个朋友来我家玩。我们坐在地板上玩一款叫"糖果乐园"的棋盘游戏，我母亲也坐到了我们身边。我的朋友小声地说："为什么你的妈妈也坐在地板上？"当我告诉她我的母亲要和我们一起玩时，她非常惊讶。她说她的母亲从来不会和她一起玩游戏，更别说坐在地板上了。

我朋友的母亲和许多父母一样。在教女儿游泳时，会和她一起游泳，但后来就不会再进游泳池了；和她一起滑雪，在向她展示如何滑雪后，就觉得自己大功告成了；和她一起打网球，但更多的是在关注她挥拍的动作，而不是享受和她的比赛。

在教女孩玩耍的过程中，父母忘记了自己也需要玩耍；在为女孩创造游戏机会时，父母失去了自己的游戏意识。创造游戏机会和在其中教导女孩是父母工作的一部分，但休息、放松和玩耍也是父母需要做的。

当德布像布里安娜那样用力地直接将绳球击回时，布里安娜显得十分惊讶。她早已经习惯了母亲因她而开心，但是当德布迸发出玩心时，她就会邀请布里安娜和她分享快乐。这时，布里安娜的母亲不仅是女儿稳定的支持者，她更是她自己。

作为父母，你不必邀请她以不符合你身份的方式来分享你的快乐，因为邀请的部分原因是要让她看到你的个性。也许在你有孩子之前，就要先记住你喜欢做什么事。你可以开车带她去你小时候常去的公园玩耍，和她一起荡秋千。如果你们一起滑雪，那么你可以充当那个在树林间开道的人。当你们要离开商场时，可以和她比赛谁先上车。

在你享受女儿带来的乐趣的同时，也要让她享受你的陪伴。

> 我（梅丽莎）的母亲将这种享受视为一种艺术。在生日和假日，她总是邀请我们用各种富有创意和随机的方式来享受和她一起的时光。有一年圣诞节，我们敲击水面高度不同的玻璃杯来演奏圣诞颂歌；在生日时，我们有寻宝活动去寻找我们的礼物。每年一到节日时，我们就会翻白眼，然后说："得了吧，妈妈。"不过，我们在暗地里则很喜欢这些活动。

我们喜欢母亲为我们创造的有趣活动，所有人都能乐在其中。她并不是只在一旁看着，而是会和我们一起敲击玻璃杯奏乐。我们享受着这些惊喜和冒险，享受着彼此的陪伴。最重要的是，我们享受着她邀请我们参与活动的创意和游戏性。

当父母邀请她们同乐时，她们往往会说："得了吧，妈妈"或"得了吧，爸爸"，并显得很不耐烦，但他们在暗地里是喜欢这样的。本章想分享的信息很简单——父母不要把女孩或你自己太当回事，去休息、放松和玩耍吧！寻找那些"必需品"，你们都会因此而愿意倾听彼此、开怀大笑，并更加享受彼此带来的乐趣。

不同成长阶段的共处乐趣

你可能会说："好吧，我明白了，我需要放手、享受，并邀请女儿来和我共度欢乐时光。但这在她 6 岁时比她 16 岁时更容易做到。现在，我能和她一起做什么开心的事呢？"

成长的确会影响你和女儿分享的乐趣，乐趣会随着她的成长而改变。接下来，我们将为父母介绍一些实用的点子，让父母在每个阶段都能享受和女儿共处的乐趣。其中有些是我们的想法，有些点子则来自不同阶段的、你希望与之分享乐趣的女孩。

探索阶段（0～5 岁）

☆　在她出生后的第一年，对她微笑，做出能惹她发笑的表情和声音；

☆　趴在地上和她一起玩游戏；

☆　和她一起玩角色扮演类的游戏，你扮演孩子，她扮演妈妈、爸爸或老师；

☆　和她在户外玩耍——荡秋千，在院子里做前滚翻，出去散步；

☆　带她到游泳池或游乐场去玩；

☆　为她读绘本；

☆　和她摔跤，挠她痒痒；

☆　和她一起在草坪喷水器的水中嬉戏；

☆　和她一起唱歌、跳舞；

☆　大笑，大笑，大笑。

冒险阶段（6～11 岁）

- ☆ 带她去参加骑马、滑水或滑雪等运动；
- ☆ 帮助她学习绘画或涂鸦（如果你没有太多艺术细胞，那么你可以和她一起上艺术课）；
- ☆ 让她教你她在课堂上学习的体操动作；
- ☆ 一起为生病的邻居烘焙饼干或巧克力蛋糕；
- ☆ 和她一起大声读书、轮流朗读；
- ☆ 家庭假期时，来一场"冒险"——做些不寻常的事情，为她带来惊喜；
- ☆ 一起制作圣诞树装饰品；
- ☆ 与她进行枕头大战；
- ☆ 去动物保护协会，一起挑选一只家庭宠物；
- ☆ 在后院露营；
- ☆ 带她去钓鱼或爬山。

自恋阶段（12～15 岁）

- ☆ 在附近社区散步；
- ☆ 向她介绍你年轻时最喜欢的电影，也让她向你介绍她喜欢的；
- ☆ 一起做一顿家庭餐；
- ☆ 带她参加母女或父女旅行，购物、观看戏剧或划船；
- ☆ 去咖啡厅或冷饮店来一场惊喜之旅；
- ☆ 给她讲她小时候发生的、你最喜欢的事；
- ☆ 一起看从前的家庭录像；
- ☆ 一起骑自行车；

☆　教她开汽车；

☆　带她去当地的跳蚤市场，挑选便宜货。

自主阶段（16～19 岁）

在这个时期，她仍会享受许多在自恋阶段进行过的活动，但父母也可以：

☆　与她一起旅行，并由她选择目的地（在合理范围内）；

☆　将参访大学变成一个特别的活动，可以在她选择的地方安排一些观光活动；

☆　让她带你购物；

☆　和她一起熬夜，坐在门廊的秋千上聊天；

☆　每周挑选一个你们可以一起欣赏的电视节目；

☆　带她去看一场大学足球或篮球比赛；

☆　一起为你们都喜爱的慈善机构担任志愿者；

☆　一起参加跑步、步行或骑自行车的训练活动；

☆　一起重新装修她的房间，粉刷油漆可以增加乐趣；

☆　玩一个你们都喜欢的家庭游戏。

无论她在什么年龄段，你们都可以选择一些可以亲子同乐的活动。不过，我们要补充一点：你对这个活动是否成功的看法不要被她的反应所左右。孩子们告诉我们，在大多数喜欢和父母一起做的事情中，他们并不会直接在父母面前表达赞赏或感激。当你的女儿去看望祖父母时，她可能会告诉他们自己是多么地喜欢与父母同乐。对于那些你们共同参与的活动，她极有可能比你所了解的更加乐在其中。

第 13 章

让她做自己就好

RAISING GIRLS

　　我记星星名字的时候，一部分原因是为了帮每颗星星变成更独特的星星。基本上，命名使者的工作就是这样。

　　　　　　　　　　——马德琳·英格（Madeleine L'Engle）

　　　　　　　　　　《银河的裂缝》（*A Wind In The Door*）

　　作为父母，当你的女儿出生时，你为她起了一个名字。她可能是以家庭成员、亲密朋友、经典诗词或是你最喜欢的书籍人物的名字来命名的。无论你为女儿取什么名字，你都为她命名了。一般来说，命名意味着"这就是你在世界上将要成为的人"，这个名字中蕴含了你对她的所有期望、希冀和梦想。

　　在你的女儿出生前，她其实已经被独一无二地命名了。这是一个秘密，在她成长过程中将逐渐显现出来，这个命名的本质就预示着她将要成为的那个独特自我。这个出生前就有的名字在对她说："这就是你。"当她还不知道这个名字是什么的时候，她就已经在朝着那个方向成长了，这个名字正在她身上呼唤出上天赋予她的个性和独特品质。

感谢有机会成为她人生的命名者

我们亲爱的朋友佩斯和布兰登将在9月迎来他们的孩子。我们开玩笑地说，如果是个女孩，就应该叫她"赛丽莎"，就是"赛西"和"梅丽莎"名字的结合。不出意外的话，这将是个独一无二的名字。

作为父母，你女儿的名字——那个关于"她是谁"的真正名字——是独一无二的。你为她起的名字可能很常见，在班上一喊可能有其他五个孩子也会一起回头，但她这个人本身是独一无二的。那个关于"她是谁"的真实名字是她的，也是独属于她的。

你可能对这个真实名字有所期冀，希望她的真实名字意味着"快乐"或是"得到每个人的喜爱"，但是你可能会得到一个真实名字是"在孤独时富有创造性"或"安静的力量"的女儿。

作为父母，你无法选择"她是谁"的身份。你的女儿并不是一个花圃，让你可以在其中种下百日菊或是铁线莲的种子，然后看着那特定的种子开花。现实是，你期待着收获虞美人，最后却得到了矮牵牛花。为什么？因为种子在她出生前就种下了，甚至在你知道她的存在之前，独一无二的个性和特征就已经在她身上了，带着明显属于她的印记。

那么，你的角色是什么？你要如何帮助她引出独一无二的真实自己呢？我们相信，答案就在作家马德琳·英格所著的《银河的裂缝》中的一句话里。

帮助她成为独一无二的自己

英格说，命名使者的工作是"为了帮每颗星星变成更独特的星星"。作为父亲、母亲、祖父母或朋友，你的工作是帮助每个女孩成为独一无二的自己。

她已经有了与生俱来的独特命名，但你要帮她呼唤出这个名字，因为你也是你所爱的女孩的共同命名者。父母在她生命中有特别的位置。

这是一个神秘、让人喜悦、充满不确定性的荣誉身份，这要求父母去发现所爱的女孩将要成为什么样的人。首先，父母要发现她独特的身份种子，然后再帮助她呼唤出这个身份。

作为父母，你在她身上看到了什么与生俱来的特征？她什么时候看起来最平静？你什么时候能看到她发自内心地放声大笑？什么会激发她的同情心？什么会引出她的力量？独处时，她会做什么？你在哪些方面能看到她的自信？

你将用一生的时间去发现女儿身上与生俱来的独特身份。当你用心聆听和观察时，你就能逐渐看清她的身份。

聆听

女孩每天都会收到一个新的"命名"，并且不一定是一个父母会用来定义她身份的名字。比如，你带女儿苏珊去看望手术后恢复中的婆婆。婆婆没有告诉苏珊自己见到她有多高兴，而是转向你说："苏珊最近确实很安静，她不如她的姐姐那么有个性，对吗？"在那一刻，苏珊被定义了。

又如，你好不容易说服女儿和你一起去挑选她的舞会礼服。在浏览货架上的礼服时，另一位母亲转向你们俩，说道："我和你们遇到了同样的麻烦，他们就是不给穿大尺码衣服的女孩做漂亮的裙子。"可悲的是，你的女儿在那一刻也被定义了。

每天都有人在女孩的生活中发声，家庭成员、老师、邻居和陌生人，都在谈论他们在女孩身上看到的身份特征。在这些评论中，有些是友善和亲切的，有些则满是扭曲的误解。

父母在某些时候也会对女儿产生类似的误解。比如，当你结束一天漫长的工作回到家时，迎接你的是青春期女儿郁郁寡欢的低气压，你唯一能想到的定义就是"坏脾气"。又如，你的母亲刚刚去世，而你的女儿却只在意她要穿什么鞋子参加葬礼，此时"自私"就成了更合适的定义。

女孩将听到的"命名"和你给她的身份定义每天都在变化。无论以何种方式说出、由谁说出，你都会听到大量朝你女儿砸去的名字，你自己也会给她一些。聆听吧，在凝神静气中将听见她真实的名字，超越其他的声音，穿越过那些挫折和伤害性的言论，提醒父母她正在成为什么样的人。

要如何在形形色色的声音中听见她真实的名字？父母要从嘈杂喧闹的世界中暂时离开，到一个静谧之处，去思考和寻求内心的指引。

有时，从所生活的环境中抽身会有些困难，因为总有一些纷纷扰扰令人分神。而一旦开始静心思考，就能进入专注的状态，尤其是在那些漫长的、令人沮丧的时刻更要这样做，去寻求内心的指引来帮助父母看清女孩真实的身份，即使启发可能来得很慢，也要继续这样做。作为父母，你将为你所发现的而感到惊喜。

观察

如果有一位预言家走进你的客厅，明确地告诉你，你的女儿会成为什么样子，这可能会帮你一个大忙，很多事情都会变得更有意义。他可以解释为什么她要经历这个或那个阶段，而你也终于可以松一口气说："原来如此，现在我知道怎么回事了。"

然而，不可能有这样的一位预言家会以这种方式直接与你对话。这一切都需要父母从微妙之处去发现她是谁，而不是通过其他人明显、直接的声音去了解这些。父母可以从她关爱受伤的朋友的方式上观察她是谁；可以从她在篮球比赛重大失利或胜利后如何自处的情景中观察她是谁；可以从她听祖母讲故事和对待一个健忘的女服务员的态度去观察她是谁。

作为父母，当你看着你的女儿这些年一路走来，你将继续发现她的独特名字。就像经常发生的那样，当你发现她一个好的方面时，就会继续发现更多。你会越来越多地看见她与生俱来的独特特征，当这些特征结合在一起时，就构成了表明她身份的真实名字。

由于在过程中你并不知道她唯一的、与生俱来的名字，你可以时不时地通过观察她身上表现出的丰富特质来为她命名和定义身份。

看见她，相信她，并享受她的存在与陪伴

这本书的想法大约是在 10 年前的一个夏令营中诞生的。在夏令

营结束时，我们为参加夏令营的一群高中生起了新的"名字"……在我们聆听和观察后，我们发现了他们正在成为什么样的人，因此这些名字反映了这些身份。

其中一个女孩名叫玛吉。在过去的几年里，她勇敢地和抑郁症、焦虑症抗争。她是一个信念坚定、热情奔放的女孩，极富感染力。和玛吉相遇本身就是一件令人开心的事。问题是，由于她的抑郁和焦虑情绪，玛吉身上的光芒黯淡了，她不再享受自己的生活。

在夏令营的最后一天，玛吉被赋予了一个新的名字——"晨曦"。赋予她这一名字的咨询师提到了驱散黑暗的光。这道光是一种力量，即使她身处抑郁症的阴霾中，也能将光亮照耀在玛吉身上。

当咨询师为玛吉命名时，她描述了她所知道的玛吉是什么样的人。虽然在那一刻，玛吉尚未完全体验到晨曦的光芒，但我们知道亮光就在那里，玛吉还在成长中。

几个月前，我（赛西）与玛吉见面，我们谈到了夏令营。她说自己在夏令营那周里最喜欢的部分就是她的新名字。当我问她为什么时，她是这样回答的："因为这个名字就是我，这是我永远不会忘记的事情。我知道，上天给了我一束光，让我与他人分享。虽然有时我感觉不是这样的，我内心似乎也没有什么好东西可以分享，但这个名字一直提醒着我，我身上有闪光点，有能给予人力量的亮光。有那束光芒在我身上，我就能和其他人分享亮光，在黑暗中也给了我希望。我要点亮我的光，这样其他人也能被照耀到。我就是晨曦的光芒。"玛吉笑着说。

在女孩的成长过程中，我们有机会参与到为她们命名这件事中。然而，夏令营和家庭显然是不一样的。作为父母，你的命名并不是一次性的，而是会贯穿其一生。也就是说，你永远都是你所爱的女孩的命名使者。

在她最初的 19 年里，你作为命名使者的工作成为其中的焦点。当你在本书概述的旅程中漫步时，你就是在为你的女儿命名。为她命名就是要看清楚在她的发展中哪些是正常的，哪些是不正常的；了解她的世界内外发生了什么；借由回看你自己身上的问题而看清她；最终相信她并享受她的存在。所有这些汇聚在一起，就能使你在为所爱的女孩命名时更清晰、更深入、更富有希望。

你可能会问："那我该怎么做呢？如果是我要为女儿命名，该是什么样的情形？"命名对于每位父母、老师、教练或女孩生活中的成年人而言都是不同的情况。以下是几个成年人担任命名使者的例子。

　　我们认识的一位父亲会在每个星期六的早上带女儿去吃甜甜圈作为早餐——这是母亲不允许的。通过投入这段亲子时光，他是在对女儿说："我注意到你了，我也重视你。我相信你是令人愉快的，值得我花时间全神贯注地和你相处。"他正在为她命名——帮助她更像她自己，更像她应该成为的独特模样，而做到这一切仅仅需要花时间与她相处，并享受她的存在。

* * *

　　一位母亲将她 16 岁的女儿送到一个带有治疗性质的夏令营中。这个年轻的女孩和一个男孩陷入了具有破坏性的关系之中，母亲怀疑这个男孩有虐待行为，但是女儿没有足够的力量抽身；相反，女儿为了和他在一起，说了越来越多的谎言。将她送去夏令营是这位母亲不得不做的最困难决定之一。但在这个决定中，她是在为女儿命名。她是在告诉女儿："你有着比你知道的更多的力量。我知道你的内心有一个诚实和勇敢的年轻女人，我会不惜一切代价将这个女人呼唤出来。"

* * *

一位青年辅导主任参加了他带领的青年小组中每个孩子的高中毕业典礼。在所有的观众中，他总是欢呼得最大声的那个。透过这个小小的举动，他正在为他观礼的孩子命名。他说："你们值得我花时间，值得我的赞美。我为你们正在成为的那个人感到骄傲。"

* * *

一位祖母正在安慰因失恋而悲伤的孙女，她的举动令人惊奇。一天深夜，她听着孙女讲述着感伤的故事，然后她安静地起身，走到书架前拿出孙女的毕业纪念册。她坐下来，一页一页地翻阅。"哦，瞧，看看这个。"她的孙女立马拉过椅子，凑过去看祖母在评论什么。

这位祖母所做的是为她的孙女命名。她正指出孙女班上所有可能的"帅哥朋友"。她在说的是："你身上有很多美好的品质，这对任何一个能和你约会的人来说都是很幸运的。"

现实生活中的命名看起来与夏令营中的命名非常不同。女孩的人生轨迹可能不会因为父母在她生活中说的一句话就发生改变，但在她独立前，在和她走过的这 19 年里，父母有无数的机会能以微妙的方式做到这点。

在《银河的裂缝》中，马德琳·英格继续借主人公梅格的角度描述了被命名的感觉。

> "那么你和谁在一起时最没有困惑的感觉？"
>
> "凯文。"她毫不迟疑地回答，"我和凯文在一起的时候，不怕做我自己。"
>
> "你是说他让你比较像自己？"

你是她特别的命名使者，尽管你可能会一次又一次地使她失望，但你是她的父母，上天已经将这个你爱的女孩的一生托付给了你。

当你为她命名时，你就是在呼唤她与生俱来的独特身份。这样一来，你就能使她更像她自己。换句话说，你要帮助她松开所有捆绑她的锁链——不安全感、被其他女孩拒绝、与男孩相处时的困惑等一切发生在内在和外在环境的动荡。

你的女儿对关系有深切的渴望，她天生就要在关系之中。在从她出生到成年的 19 年里，你可以好好利用你们的关系，这对她的余生都将产生影响。在一个动荡、时而令人受伤的世界中，你可以帮助她自由地成长为那个她命中注定要成为的独特女孩。

这是一项相当了不起的工作。

代后记

"是个女孩。"

负责超声波的护士握着涂有凝胶的仪器扫过我的腹部时这样宣布，我的心跳漏了一拍。我的第一胎是个儿子，差不多是两年前出生的。到目前为止，我对自己养育方式的理解都是作为一个男孩的母亲的体验，我所做的就是创造了男孩。

怀了女儿的消息让我内心一下子涌上来太多情绪。直到我走出诊所，独自站在停车位旁，我才打开心扉接受这件事。然后，我的思绪和心情舒展开来，心底深处升腾起一种不熟悉的、未曾预料到的惊奇、解脱和感激之情。

我的肚子里孕育着一个女宝宝，她有一天会成为一个女人。如果她能得到爱和尊重，有一天她就可能会成为我的朋友，和我分享我余下的日子。正如玛雅·安吉罗（Maya Angelou）在她的诗歌《非凡女人》（*Phenomenal Woman*）中所描述的那样，被爱着的女人是一个奇妙的存在，她们每个人都有着自己"内在的奥秘"。

我多么希望早在当年那个炎热的夏天，当我在停车场恍然大悟后就有机会能读到这本《有女儿真好》。如今，我正养育着三个女儿。就如同赛西和梅丽莎在书中描述的那样，最小的女儿正在进入冒险阶段，二女儿则完全沉浸在自恋阶段，而我的大女儿，也就是那个我在她身上学到了很多东西的女孩，她正带着目标在自主阶段的旅途中航行。

当我阅读《有女儿真好》时，每一章都引发了我发自内心的欢呼，还有"对，对，对"的连声赞同。有时我捧腹大笑，有时又如鲠在喉。养育孩子是越野探险，旅途中充满了壮丽光辉的峰巅和深邃幽暗的低谷。当我将自己的经验与赛西和梅丽莎的研究结果进行比照时，我惊叹于女儿们在成长和发展的各个领域中的出色表现。但也有多少次我觉得自己是在盲目飞行——真的只是靠翅膀和对内心指引的寻求来生存。在其他章节中，我也回想了自己在指导孩子们生活时犯的错误以及我曾有的不成熟、错误的想法。

如果我们允许，生活可以成为我们稳定的老师。凭借来自智者的启发和引领，我们所有人都能在这段旅途中一边前行，一边学习。好好爱我们的孩子，永远都不会太晚。《有女儿真好》这本书重新激起了我对女儿的期冀，让我发现她们身上的与众不同之处和潜力。在她们出生时，我为她们每个人都起了名字，但接下来我准备继续通过静心思考、指导、享受和尊重等这些爱她们的方式来为她们"命名"，赋予她们力量和美好。

埃米·格兰特（Amy Grant）

美国歌手

北京阅想时代文化发展有限责任公司为中国人民大学出版社有限公司下属的商业新知事业部，致力于经管类优秀出版物（外版书为主）的策划及出版，主要涉及经济管理、金融、投资理财、心理学、成功励志、生活等出版领域，下设"阅想·商业""阅想·财富""阅想·新知""阅想·心理""阅想·生活"以及"阅想·人文"等多条产品线，致力于为国内商业人士提供涵盖先进、前沿的管理理念和思想的专业类图书和趋势类图书，同时也为满足商业人士的内心诉求，打造一系列提倡心理和生活健康的心理学图书和生活管理类图书。

《陪着孩子走向世界：中国父母的五项修炼》

- 毛大庆作序，杨澜、俞敏洪、雷文涛等诚挚推荐。
- 堪比家庭教育界的《第五项修炼》。
- 随书赠送"问校友家长学院"精品线上课程。
- 左手规划右手爱。缓解父母焦虑，助力孩子走向世界！
- 作者的系统思考 +15 位哈佛、耶鲁等名校学子及父母分享心路历程！

《让孩子成为独一无二的自己》

- 好的教育就是尊重儿童的先天气质，顺性而为，从而成就孩子独一无二的潜能。
- 随书附赠罗静博士主讲的《原生家庭》在线课程（价值 199 元）。
- 张侃作序，高文斌、梅建、彭琳琳、王人平、王书荟、郁明朗、杨澜、张思莱、周洲联袂推荐。